国际贸易实务习题集

主 编：孟祥年

图书在版编目(CIP)数据

国际贸易实务习题集/孟祥年主编. —西安:西安交通大学出版社,2016.9(2023.2重印)
ISBN 978-7-5605-9060-8

Ⅰ.①国… Ⅱ.①孟… Ⅲ.①国际贸易-贸易实务-高等学校-习题集 Ⅳ.①F740.4-44

中国版本图书馆 CIP 数据核字(2016)第 246228 号

书　　名	国际贸易实务习题集	
主　　编	孟祥年	
责任编辑	贺彦峰　韦鸽鸽	
出版发行	西安交通大学出版社	
	(西安市兴庆南路1号　邮政编码　710048)	
网　　址	http://www.xjtupress.com	
电　　话	(029)82668357　82667874(市场营销中心)	
	(029)82668315　82669096(总编办)	
传　　真	(029)82668280	
印　　刷	西安明瑞印务有限公司	
开　　本	720 mm×1000 mm　1/16　印张　13.25　字数　227千字	
版次印次	2016年10月第1版　2023年2月第3次印刷	
书　　号	ISBN 978-7-5605-9060-8	
定　　价	25.80元	

读者购书、书店添货,如发现印装质量问题,请与本社发行中心联系、调换。
订购热线:(029)82665248　(029)82665249
投稿热线:(029)82668133　(029)82665375
读者信箱:xj_rwjg@126.com

版权所有　侵权必究

前　言

　　国际贸易实务是国际商务及相关专业主要课程之一，是一门实用性和操作性都很强的课程。为帮助广大教师和学生进一步巩固所学的国际贸易业务知识，加深对重点知识的掌握和对难点问题的了解，我们组织具有多年教学经验的教师编写了这本《国际贸易实务习题集》，作为国际贸易实务课程的补充资料。本习题集每章的练习均能突出本章的重点和难点，针对性强、覆盖面广，有很强的代表性，且附有参考答案，是学生学习国际贸易实务课程不可多得的辅助教材。

　　《国际贸易实务习题集》主要面向国际商务类专业在校生，供其在教师的指导下针对性地选择练习；也可供参加相关专业考试的考生自学之用。

　　本习题集由孟祥年担任主编，赵继梅担任副主编，王小平、林发芝、杨静、陈爽等参加了编写和校对工作。

　　本书在编写过程中参阅了大量相关资料，书中未一一列明，在此对所有参阅教材的编者表示谢意。

　　由于编者水平有限，书中若有不足之处，欢迎批评指正。

编　者
2016 年 9 月

目　　录

第一部分　国际贸易实务习题

第一章　商品的品质、数量和包装 …………………………………… 1
第二章　商品的价格 …………………………………………………… 10
第三章　货物的运输 …………………………………………………… 21
第四章　货物运输保险 ………………………………………………… 32
第五章　货款的支付 …………………………………………………… 44
第六章　争议的预防和处理 …………………………………………… 60
第七章　出口交易磋商与合同订立 …………………………………… 68
第八章　进出口合同的履行 …………………………………………… 87
第九章　贸易方式 ……………………………………………………… 100

第二部分　国际贸易实务习题答案

第一章　商品的品质、数量和包装 …………………………………… 105
第二章　商品的价格 …………………………………………………… 111
第三章　货物的运输 …………………………………………………… 119
第四章　货物运输保险 ………………………………………………… 125
第五章　货款的支付 …………………………………………………… 132
第六章　争议的预防和处理 …………………………………………… 145
第七章　出口交易磋商与合同订立 …………………………………… 151
第八章　进出口合同的履行 …………………………………………… 159
第九章　贸易方式 ……………………………………………………… 166

第三部分　国际贸易实务自测题

国际贸易实务自测题(一) ·· 174
国际贸易实务自测题(二) ·· 181
国际贸易实务自测题(三) ·· 188
国际贸易实务自测题(一)参考答案 ·· 194
国际贸易实务自测题(二)参考答案 ·· 197
国际贸易实务自测题(三)参考答案 ·· 201

第一部分　国际贸易实务习题

第一章　商品的品质、数量和包装

一、名词解释
1. Counter Sample
2. GMQ
3. 品质公差
4. FAQ
5. Duplicate Sample
6. Gross for Net
7. Conditioned Weight
8. More or Less Clause
9. Neutral Packing
10. Shipping Mark

二、填空题
1. 表示商品品质的方法主要有两大类：_____ 和 _____ 。
2. 用文字说明的表示商品品质的方法主要有：_____ 、_____ 、_____ 和 _____ 四种。
3. 商品的规格是指 _____ ；商品的等级是指 _____ ；商品的标准是指 _____ 。
4. 在确定某些农副产品的品质时，由于品质标准难以确定，国际上常采用 _____ 作为标准。我国惯称 _____ 。由于其价值低常按毛重计价，惯称"_____"。
5. 国际间买卖木材和冷冻鱼虾等水产品时常用的标准是 _____ 。
6. 在国际货物买卖中，规定品质机动幅度的方法一般有：_____ 、_____ 和 _____ 。
7. 国际贸易中常用的六类计量单位分别是 _____ 、_____ 、_____ 、_____ 、_____ 、_____ 。
8. 在国际贸易中通常使用的度量衡制度有：_____ 、_____ 、_____ 和 _____ 。
9. 在国际贸易中，计算货物重量的方法通常有：_____ 、_____ 、

_____、_____。
10. 出口商品包装可分为_____和_____两大类。
11. 商品运输包装上的标志主要包括_____、_____、_____等。
12. 合同中的包装条款主要规定_____和_____，有时还规定_____和_____。

三、判断题

( ) 1. 在出口凭样品买卖业务中，为了争取国外客户，便于达成交易，出口企业应尽量选择质量最好的样品请对方确认并签订合同。

( ) 2. 为了适应国际市场的需要，我方出口工业品时，应力争按买方样品达成交易。

( ) 3. 在出口贸易中表示商品品质的方法很多，为了明确责任，最好采用既凭规格买卖，又凭样品买卖的方法。

( ) 4. 接国外买方来样后，我方根据来样复制相同品质的样品，寄交买方确认，该复制的样品称为复样。

( ) 5. 凭对等样品成交实际上是将凭买方样品成交转为凭卖方样品成交。

( ) 6. 在出口合同中规定："中国籼米：水分14%，杂质1%，不完善率7%。"这种规定准确、合理，因而被广泛使用。

( ) 7. 用"成分、含量、纯度、大小、长短、粗细"等来说明商品品质是商品的标准。

( ) 8. "以毛作净"的计量标准是净重。

( ) 9. 在品质机动幅度和品质公差范围内，交货品质如有上下，一般不另行计算增减价。

( ) 10. 卖方为了在交货时有一定的灵活性，签订合同时最好在数量前加上一个"约"字。

( ) 11. 为了防止在市价波动时，享有溢短装权利的一方故意多装或少装货物，可以在合同中规定按装船时的市价计算溢短装部分的价格。

( ) 12. 运输包装上的标志都应在货运单据上表示出来。

( ) 13. 我国的出口商品，除非买卖双方另有规定，定牌和无牌商品在货物本身及/或包装上均需标明"中国制造"字样。

( ) 14. 按照国际惯例，合同中如未对溢短装部分规定作价办法，溢短装部分应按合同价格计算。

(　　)15.《UCP 600》规定:除非信用证规定货物数量不得增减,只要支取的金额不超过信用证金额,任何货物都可有5%的增减。

(　　)16. 1公吨大于1短吨而小于1长吨。

(　　)17. 包装费用一般都包括在售价之内,不需要在合同中另列明。

(　　)18. 运输包装上的标志又称运输标志,也就是通常所说的"唛头"。

(　　)19. 合同中的包装条款不宜笼统规定为"适合海运的包装"。

(　　)20. 定牌中性与无牌中性的共同之点在于,两者在商品和内外包装上都不注明生产国别。

(　　)21. 某外商来电要我方提供大豆,按含油量28%、含水分不超过5%、杂质不超过2%等规格订立合同,对此我方可以接受。

(　　)22. 在国际货物买卖合同中,"习惯包装""适合海运包装"等是常用的包装条款,也是一种比较好的规定方法。

(　　)23. 在合同规定的数量机动幅度范围内,货物多交或少交一般都由卖方决定,但有时也可由买方或承运人决定。

(　　)24. 在出口业务中,如同意客户定牌的要求,则应在出口商品和/或包装上使用买方指定的商标或牌号,但不能注明"中国制造"字样。

(　　)25. 对欧洲粮食销售合同规定为散装货,卖方交货时采用麻袋装,净重与合同规定相符,价格不变,货到后买方提出索赔,这种索赔是不合理的。

四、单项选择题

1. 在出口合同的品质条款中(　　)。

　　A. 为了明确责任,应使用两种以上的方法表示品质

　　B. 为了准确,应使用两种方法表示品质

　　C. 为了防止被动,一般不宜同时使用两种或两种以上的方法表示品质

2. 卖方与买方凭规格达成交易,并将参考样品留给买方,货到目的港经检验后,各项指标均与合同规定相符,但有一项不符合参考样品时,买方(　　)。

　　A. 有权提出索赔,品质应符合参考样品

　　B. 无权提出索赔,卖方不受参考样品的约束

　　C. 有权提出索赔,品质不但要符合合同规定,还应符合参考样品

3. 按 FAQ 进行买卖的商品是指(　　)。

　　A. 机器设备　　　B. 农产品　　　C. 矿产品

4. 在国际贸易中,表示品质的方法有若干种,则(　　)。

A. 只能单独使用某一种　　　　　B. 不能单独使用某一种
C. 可视情况灵活结合使用

5. 凭样买卖时,样品(　　)。
   A. 只能由卖方提出　　　　　　B. 只能由买方提出
   C. 既可由卖方提出,也可由买方提出

6. 凡凭样买卖,如合同中无其他规定,则卖方所交的货物(　　)。
   A. 可以与样品大致相同　　　　B. 允许有合理公差
   C. 必须与样品一致

7. 凡货、样无法做到完全一致的商品,一般都不适宜采用(　　)。
   A. 凭规格买卖　　B. 凭等级买卖　　C. 凭标准买卖　　D. 凭样品买卖

8. 品质公差是指(　　)。
   A. 卖方允许买方的品质差价
   B. 买方允许卖方在交货的品质上有一个幅度
   C. 是商品本身的误差

9. 如果在合同中未明确规定用何种方法计算重量和价格的,按惯例应以(　　)计。
   A. 毛重　　　　　B. 净重　　　　　C. 理论重量　　　D. 公量

10. 出口羊毛、生丝、棉纱等经济价值较高而水分含量极不稳定的商品时,计量方法通常采用(　　)。
    A. "以毛作净"　B. 净重　　　　　C. 理论重量　　　D. 公量

11. 在国际贸易中,运输标志的式样和文字一般由(　　)。
    A. 买方提供　　　　　　　　　　B. 卖方提供
    C. 运输部门设计并刷制　　　　　D. 生产经营单位设计并刷制

12. 我国出口危险货物的运输包装上应(　　)。
    A. 只打我国所规定的危险品标志
    B. 只打国际海运危险品标志
    C. 上述两套标志均打

13. 按《联合国国际货物销售合同公约》规定,如果卖方交货多于合同规定数量时,买方(　　)。
    A. 可以只接受合同规定部分　　　B. 只能全部接受
    C. 只能全部拒绝接受

14. 按《跟单信用证统一惯例》(《UCP 600》)规定,在交货数量前加"约"字,应解释为伸缩幅度为(　　)。

A. 2.5%　　　　B. 5%　　　　C. 10%

15. 我国于1994年4月加入国际物品编码协会,该协会分配给我国的条形码国别号为(　　)。

　　A. 978　　　　B. 386　　　　C. 690、691、692

16. 对溢短装部分货物的价格,如合同中无其他规定,一般按(　　)。

　　A. 装船时国际市场上的价格计算

　　B. 原合同价格计算

　　C. 买方国家的市场价格计算

17. 某公司出口电冰箱共1 000台,合同和信用证都规定不准分批装运。运输时有30台被撞,包装破裂、冰箱外观变形、不能出口。根据《UCP 600》规定,只要货款不超过信用证总金额,交货数量可以有5%的增减。据此,某公司发货时,可以装运(　　)。

　　A. 1 000台　　B. 970台　　C. 950台　　　D. 1 050台

18. 我方向国外出口某种商品50公吨,每公吨300美元,合同规定数量可增减10%。国外开来信用证金额为15 000美元,数量约50公吨。卖方在交货时,市场价格呈下跌趋势,我方应交货(　　)。

　　A. 45公吨　　B. 50公吨　　C. 55公吨

五、多项选择题

1. 在国际贸易中,商品的品质(　　)。

　　A. 可以用文字说明表示

　　B. 可以用样品表示

　　C. 可以用样品和文字说明等多种方式结合起来表示

　　D. 就卖方而言,应尽可能地用两种或多种方式表示

　　E. 只能用文字说明或者以样品表示,两者择其一

2. 在国际贸易中,若卖方交货数量多于合同规定的数量,根据《联合国国际货物销售合同公约》的规定,买方可以(　　)。

　　A. 只接受合同规定的数量,而拒绝超出部分

　　B. 接受合同规定数量以及超出合同规定数量的一部分

　　C. 拒收全部货物

　　D. 接受全部货物

　　E. 只能接受全部货物

3. 下列有关中性包装正确的描述有(　　)。

　　A. 不能有卖方的商标/牌号

B. 标明生产国别但无卖方的商标/牌号
C. 有买方指定的商标/牌号但不标明生产国别
D. 既有商标/牌号又标明生产国别
E. 既不标明生产国别又无卖方的商标/牌号

4. 国际标准化组织推荐的标准唛头应包括的四项内容是（　　）。
　　A. 收货人名称的缩写或代号　　B. 目的港（地）
　　C. 箱号或件号　　D. 参考号（合同号、订单号码等）
　　E. 磅码、产地标志

5. 根据不同情况，买卖合同中"溢短装条款"的选择权（　　）。
　　A. 只能归卖方　　B. 只能归买方　　C. 一般归卖方，也可以归买方
　　D. 必要时可以归承运人　　E. 不可以归承运人

6. 合同中数量条款为"1 000 M/T 10％ MORE OR LESS AT SELLER'S OPTIONS"，则卖方交货数量为（　　）时，不违反合同。
　　A. 1 000 M/T　　B. 1 100 M/T　　C. 900 M/T
　　D. 899 M/T 或 1 101 M/T
　　E. 900 M/T～1 100 M/T 之间的任意数量

六、简答题

1. 规定品名条款应注意哪些问题？
2. 表示商品品质的方法有哪些？
3. 凭样成交有什么基本要求？应注意哪些问题？
4. 在合同中规定数量机动幅度，应注意哪些问题？
5. 简述国际贸易中关于重量的几种规定方法。
6. 溢短装条款包括哪些内容？合同中如何规定？举例说明。
7. 包装标志有哪几种？运输标志包括哪些主要内容？
8. 买卖双方的合同规定："红小豆，500公吨，5％的增减，由卖方选择，增减部分按合同价格计算。"如果在交货前红小豆市场价格上涨，在不违反合同的情况下，卖方要想获利，可装多少公吨？如果市场价格下降呢？

七、案例分析题

1. 我方某公司向东南亚某国出口红枣一批，合同中规定要求三级红枣。卖方交货时发现三级红枣无货，我方在未征得买方同意的情况下，用二级红枣代替了三级红枣并在发票上注明"二级红枣、价格照旧"，货抵买方后，遭买方拒绝，试问：在上述情况下，买方有无拒付的权利，为什么？

2. 出口合同规定的商品名称为"手工制造书写纸"(Handmade Writing Paper),买方收到货物后,经检验发现货物部分制造工序为机械操作,而我方提供的所有单据均表示为手工制造,对方要求我方赔偿,而我方拒赔,主要理由是:

(1)该商品的生产工序基本上是手工操作,而且关键工序完全采用手工;

(2)该交易是经买方当面先看样品成交的,并且实际货物品质又与样品一致,因此应认为所交货物与商定的品质一致。

你认为责任在谁?应如何处理?

3. 我国某出口公司与日本一商人,按每公吨 500 美元 CIF 东京成交某农产品 200 公吨,合同规定包装 25 公斤双线新麻袋,使用信用证付款方式。该公司凭证装运出口并办妥了结汇手续。事后对方来电称:该公司所交货物扣除皮重后实际到货不足 200 公吨,要求按净重计算价格,退回因短量多收的货款。而该公司则以合同未规定按净重计价为由拒绝退款。试问该公司做法是否可行?为什么?

4. 合同及信用证中,数量条款规定"8 000 M/T 5% MORE OR LESS AT SELLER'S OPTIONS",卖方正待交货时,该货国际市场价格大幅度上涨,问:

(1)如果你是卖方,拟实际交货数量多少,并说明理由。

(2)如果站在买方立场上,磋商合同条款时应注意什么?

5. 我方出口一批大宗商品,国外来证规定:"数量为 10 000 公吨,散装,每公吨 100 美元 CIF 伦敦,总金额 100 万美元,禁止分批装运。"根据《UCP 600》的规定,试分析卖方交货数量应如何掌握。

6. 合同中规定"About 1 000 M/T"或"1 000 M/T 5％ MORE OR LESS AT SELLER'S OPTIONS"条款,有无不同? 在后一规定条件下,卖方最多和最少可交多少吨? 这部分货物如何计价?

7. 国外来证规定:"针织布 10 000 千克,每千克 4 美元,针织衫 5 000 件,每件 2 美元;总金额大约为 50 000 美元,禁止分批装运。"为此,试根据《UCP 600》分析,我方出口数量最多应如何掌握?

8. 某公司外售杏脯 1.5 公吨,合同规定:纸箱装,每箱 15 公斤(内装 15 小盒,每小盒 1 公斤)。交货时,此种包装的无货了,于是便将小包装(每箱仍有 15 公斤,但内装 30 小盒,每小盒 0.5 公斤)货物发出。到货后,对方以包装不符为由拒收货物,拒付货款。卖方则认为数量完全相符,要求买方付款。你认为责任在谁? 应如何处理?

9. 某年我方某出口公司收到加拿大开来的信用证,金额为 1 074.08 加元,男、女用手套各 100 打,来证规定不准分运。我方装船出口时发现货有部分次品,为保证出口产品质量,分装 98 打,我方公司认为,根据国际惯例的规定,少装部分在 5％以内是允许的。试分析我方公司的上述做法是否妥当? 并说明理由。

10. 某年五月,我国南方某公司与马来西亚商人达成一笔大理石出口交易,品质要求:纯黑色、晶墨玉、四边无倒角、表面无擦痕,允许买方到工厂验货,七月交货。签约后,由于对品质要求苛刻,加工难度大,数量小,价格又低,交货期限还紧,工厂都不愿意接受。交货期一拖再拖,后经多方努力,终于交出一批货。货到后经检验不合格,买方提出索赔。从此案中,我们应该吸取哪些教训?

11. 出口合同规定:糖水桔子罐头,每箱 24 听,每听含 5 瓣桔子,每听罐头上都要用英文标明"MADE IN CHINA"。卖方为了讨个吉利,每听装了 6 瓣桔子,装箱时,为了用足箱容,每箱装了 26 听。在刷制产地标志时,只在纸箱上注明了"MADE IN CHINA"。买方以包装不符合同规定为由,向卖方要求赔偿,否则拒收货物。请问买方的要求是否合理?为什么?

12. 我方某外贸公司出口自行车 500 辆。合同规定木箱装,来证规定:PACKED IN WOODEN CASE,但在 CASE 后面加有 C.K.D 三个字母的缩略语,我方在出口时的所有单证都照来证要求制作,可是货到目的港后被进口国海关罚款并多交了关税。请问这是为什么?

八、操作题

1. 根据已知条件填制一个唛头。
客户名称:ELOF HANSSEN GMBH
商品:滑雪手套
成交数量:2 400 副
目的港:新加坡
包装:每 12 副装 1 盒,每 10 盒装一纸箱
2. 通过社会实践,列举几个合同中品质条款的例子(用不同的表示品质的方法)。

第二章　商品的价格

一、名词解释
1. 贸易术语
2. 《INCOTERMS 2020》
3. 国际贸易惯例
4. 象征性交货
5. FCA
6. FOB LINER TERMS
7. DISCOUNT
8. FOBST
9. COMMIISION
10. 换汇成本
11. CFR
12. CIF EX SHIP'S HOLD
13. CPT
14. CIP

二、填空题
1. 有关贸易术语方面的国际惯例有_____、_____和_____。
2. 《INCOTERMS 2020》中，由买方办理出口手续的术语是_____，由卖方办理进口手续的术语是_____。
3. 《INCOTERMS 2020》中，仅适合于水上运输的贸易术语有_____、_____、_____、_____；适合于各种运输方式的贸易术语有_____、_____、_____、_____、_____、_____、_____。
4. 《INCOTERMS 2020》中，在装运港交货的贸易术语有_____、_____、_____、_____。
5. 我国对外贸易中，常用的三种贸易术语是_____、_____、_____，集装箱多式联运发展起来后，这三种术语依次发展为_____、_____、_____。
6. FOB 贸易术语的变形主要是为了明确_____费用的负担问题，而 CIF 和 CFR 贸易术语的变形主要是为了明确_____费用的负担问题。
7. 国际贸易术语中，FAS、DDP、DAP 三种术语的中文译名分别为_____、_____、_____、_____。
8. C 组贸易术语有一个与其他组贸易术语不同的特点，即_____。
9. 在下表的空格处填写"卖方"或"买方"。

贸易术语	风险	手续		费用	
	装船前	何方办理租船订舱	何方办理保险	何方支付运费	何方支付保险费
FOB					
CFR					
CIF					

10. 国际贸易中,商品的单价由以下四部分内容组成:_____、_____、_____和_____。例如:_____。

11. 《INCOTERMS 2020》中,买方承担责任最大及最小的两个贸易术语分别是_____和_____。

12. 出口选用计价货币时,应选用_____,而进口应选用_____。

三、判断题

（　）1. 以 CIF EXSHIP'S HOLD NEW YORK 条件成交,卖方应负担从装运港到纽约为止的费用和风险。

（　）2. 我方出口某大宗商品,如果使用 FOB LINER TERMS 贸易术语,则意味着我方必须用班轮运输。

（　）3. CIF 与 CIF LANDED 的主要区别在于,除了要承担货物到达目的港的风险和正常的运费以外,在 CIF LANDED 条件下,卖方还要承担卸货费用。

（　）4. 以 FOB 吊钩下交货成交,卖方只须将货置于吊钩下,即完成交货义务,以后发生的风险概不负责。

（　）5. 贸易术语变形只涉及买卖双方费用划分,不涉及风险划分。

（　）6. 以 FCA 条件成交,卖方将货物交给承运人后,即履行完交货义务,出口报关等手续由买方办理。

（　）7. 以 DPU 条件成交,货到目的港后的进口报关手续应由买方办理。

（　）8. FCA、CIP、CPT 三种贸易术语,就卖方要承担的风险而言 FCA 最小,CPT 其次,CIP 最大。

（　）9. CIF LANDED 意味着卖方要承担货物运到目的港的一切费用,包括卸货费。

（　）10. 为避免货物中途转船延误时间,增大费用开支,造成货损货差,我方按 FOB 条件进口时,最好争取在合同中规定"不准转船"。

（　）11. 按 FOB、CFR、CIF 成交,货在装运港装上船后,风险均告转移。

因此,货到目的港后买方如发现品质、数量、包装等与合同规定不符,卖方概不负责。

(　　)12. 采用 CIF 贸易术语,卖方要办理保险、支付保险费,而采用 CFR 贸易术语,保险责任及保险费是由买方承担的。可见,对卖方而言,采用 CIF 贸易术语较采用 CFR 贸易术语承担的风险大。

(　　)13. CIF 条件下卖方承担的保险责任属代办性质。

(　　)14.《INCOTERMS 2020》的 11 个贸易术语中,买方承担责任最大的是 EXW,最小的是 DAP。

(　　)15. 在 FAS 条件下,如买方所派的船只不能在装运港靠岸,则应由买方自行负责将货物从码头货位驳运到船边的费用。

(　　)16. 在 EXW 条件下,如合同无相反的规定,则卖方应负责提供出口包装,支付包装费。

(　　)17.《INCOTERMS 2020》中的 CFR、CPT、CIF、CIP 贸易术语,均属于象征性交货。

(　　)18.《INCOTERMS 2020》的 11 种贸易术语,买卖双方交接的单据可以是纸单据,也可以是电子单据。

(　　)19. CPT 贸易术语的英文全称是 Carriage Paid To(… named place of destination)。

(　　)20. 采用 CIF、CFR 贸易术语,合同中只规定装运期或交货期,而采用 CIP、CPT 贸易术语,合同中不但应规定装运期,还应规定货物到达目的地的期限。

(　　)21. 在 CIF 或 CIP 合同中,若卖方只提交给买方商业发票和指定的运输单据,即使货物已经安全抵达目的港,买方也有权拒收单据,拒收货物。

(　　)22. CIF LINER TERMS 和 CIF LANDED 合同的主要区别是,在后一种贸易术语下,买方不仅要承担卸货费,而且还需支付有可能产生的驳船费与码头费。

(　　)23. 买方开立的信用证价格若是含佣金及折扣,那么在卖方制妥的汇票金额中应扣除折扣,可含佣金部分。

(　　)24. 在 CIF 术语的四个变形中,买方承担卸货费最多的是 CIF LANDED(CIF 卸到岸上)。

(　　)25. 在 CFR 或 CIF 条件下,不管是班轮运输还是租船运输,均由出口方承担装船费。

(　　)26.《INCOTERMS 2020》中,由买方办理出口报关手续的术语有 EXW、FAS 和 FCA。

(　　)27. 佣金是对中间商所提供服务的报酬,折扣则是对卖方一定程度的价格优惠。

(　　)28. 在货物以海运方式运输下,出口应尽量争取 CIF 成交,进口应尽量选用 FOB 贸易术语。

(　　)29. 某出口商品每千克 100 美元 FOBC 3%上海,现客户要求将佣金增加到 5%,在保持出口净收入不变的情况下,应报每千克 101.85 美元 FOBC 5%上海。

(　　)30. 按 CIF 条件出口,使用程租船运输,若卖方不愿承担卸货费用,可在 CIF 后列"EX SHIP'S HOLD"字样。

(　　)31. 我国内地某出口公司向香港客户报××商品价为 CIF 香港 HK＄154.00/打,后接客户要求报 CIFC 3%含佣价,我公司为保持 CIF 净价不变,应报 HK＄157.67CIFC 3%香港价。

(　　)32. DAP 贸易术语的英文全称是 Delivered at Place(…named place of destination)。

四、单项选择题

1. 以 CFR 成交,应由(　　)。
   A. 买方办理租船订舱并保险　　B. 卖方办理租船订舱并保险
   C. 卖方办理租船订舱,买方办理保险

2. 以 CIF 汉堡条件成交,卖方对货物风险应负责(　　)。
   A. 船到汉堡港为止　　　　　　B. 在汉堡港卸下货为止
   C. 货在装运港装上船为止　　　D. 货在装运港越过船舷为止

3. 在下述 FOB 的变形中,加大出口人费用的是(　　)。
   A. FOB LINER TERMS　　　　B. FOB STOWED
   C. FOB UNDER TACKLE

4. 下述术语中,既属内陆交货又属象征性交货的术语是(　　)。
   A. EXW　　　　B. FCA　　　　C. FOB

5. CPT 术语中,交易双方划分风险的界限是(　　)。
   A. 装运港船舷　B. 货交承运人　C. 目的港船上　D. 装运港船上

6. 以 CIF 成交,货物所有权(　　)。
   A. 随运输单据交给买方而转移给买方
   B. 随货物风险转移至买方而转移给买方

C. 随货物交给买方而转移给买方

7. 按 CIF LANDED（CIF 卸到岸上）贸易术语成交,买卖双方的风险划分界限为( )。
   A. 货物交给承运人　　　　　B. 货物在装运港装上船为止
   C. 货物在目的港越过船弦为止　D. 货物交到目的港的码头

8. 在采用 FOB 贸易术语,货物由程租船运输时,如果买方不愿意承担装货费用,应选用( )。
   A. FOB LINER TERMS　　　B. FOB UNDER TACKLE
   C. FOB TRIMMED　　　　　D. FOB GROSS TERMS

9. 就卖方承担的风险而言( )。
   A. CIF 比 FOB 大　　　　　B. FOB 比 CIF 大
   C. CIF 与 FOB 相同

10. FOB、CFR、CIF 三种术语的主要区别在于( )。
    A. 交货地点不同　　　　　　B. 风险划分界限不同
    C. 交易双方承担的责任与费用不同

11. DPU 贸易术语( )。
    A. 只适合于公路运输　　　　B. 只适合于铁路运输
    C. 只适合于铁路和公路运输　D. 可适合于各种运输

12. 我国出口某商品时,价格可写为( )。
    A. FOB 上海每吨 120 美元　　B. 每箱 95 英镑 CIF 伦敦
    C. CIF 纽约每件 80 元　　　　D. 每箱 200 美元 CIF 美国

13. 我国出口商品的基本作价原则应该是( )。
    A. 按收购价加有关费用确定　　B. 按国际市场价格水平确定
    C. 按国内批发价格水平确定
    D. 按核定的大类商品换汇成本确定

14. FOBS 是指( )。
    A. 买方负责装船并支付包括理舱费在内的装船费用
    B. 卖方负责装船并支付包括理舱费在内的装船费用
    C. 卖方负责支付装船费用和卸货费用

15. 由买方负责出口清关手续,并承担相关费用的贸易术语是( )。
    A. FCA　　　B. DDP　　　C. EXW

五、多项选择题

1. CIF 贸易术语与 CIP 贸易术语的区别主要有( )。

A. 交货地点不同 B. 风险转移界限不同
C. 适用的范围不同 D. 投保涉及的险种不同
E. 进口清关手续不同,前者由买方承担,后者由卖方承担

2. 按 CIF 条件达成交易,如果卖方愿意承担卸货费用,可以选用( )。
   A. CIF LINER TERMS B. CIF EX TACKLE
   C. CIF LANDED D. CIF EX SHIP'S HOLD

3. FOB、CFR 与 CIF 的共同之处在于( )。
   A. 均适合水上运输方式 B. 风险转移均为装运港船上
   C. 买卖双方责任划分基本相同 D. 交货地点均为装运港

4. 《INCOTERMS 2020》与《1941 年美国对外贸易定义修正本》在 FOB 贸易术语上的主要区别是( )。
   A. 风险划分点不同 B. 适应的运输方式不同
   C. 表达方式前者只有 1 种,后者有 6 种
   D. 出口清关手续及其费用承担方式不同

5. 下面是我国某公司业务员的进口报价,( )是正确的。
   A. USD50/PER METRIC TON CIF LONDON
   B. USD50/PER METRIC TON FCA SHANGHAI
   C. USD50/PER METRIC TON FOB LONDON
   D. USD50/PER METRIC TON CIF SHANGHAI
   E. USD50/PER METRIC TON FCA LINER TERMS LONDON

6. 以下选项可以作为衡量出口企业经济效益重要指标的是( )。
   A. 换汇成本 B. 出口盈亏率 C. 外汇增殖率
   D. 出口总成本 E. 外汇净收入

7. FOB 与 FCA 相比较,其主要区别是( )。
   A. 适用的运输方式不同
   B. 买卖双方风险划分界限不同
   C. 交货地点不同
   D. 出口清关手续及其费用的承担方式不同
   E. 提交的单据种类不同

8. 我国某进口公司按 FOB 条件进口一批货物,采用程租船运输,如该进口方不愿承担装船费用,应采用( )。
   A. FOB LINER TERMS B. FOB UNDER TACKLE
   C. FOB STOWED D. FOB TRIMMED

E. FOBST

9. 根据《INCOTERMS 2020》,由买方负担卸货费用的术语有（　　）。
   A. DPU　　　　B. DAP　　　　C. DDP
   D. CIF/CIP　　E. CFR/CPT

10. 根据《INCOTERMS 2020》,通常由卖方负担保险费的术语有（　　）。
    A. DPU　　　　B. DAP　　　　C. DDP
    D. CIF　　　　E. CIP

六、简答题

1. 贸易术语的主要作用有哪些？
2. 国际贸易惯例的法律地位如何？它有什么作用？
3. 为什么说把CIF称为"到岸价"是错误的？
4. 试写出六种主要贸易术语的英文代码及中、英文全称。
5. 简述FOB、CFR、CIF三个术语的异同点。
6. 简述FOB贸易术语变形及其含义,并说明贸易术语变形的基本作用。
7. 简述CIF、CFR贸易术语变形及其含义。
8. FOB、CFR、CIF三个术语中的装卸费分别由谁负担？
9. 简述FOB、CIF、CFR与FCA、CIP、CPT贸易术语的主要区别与联系。
10. 比较：DES与CIF EX SHIP'S HOLD；FAS与FOB UNDER TACKLE 两组术语的异同。
11. 按CFR术语履行合同时,为什么卖方特别要注意及时向买方发出已装船通知？
12. 北京A公司拟向纽约B公司出口矿砂50 000公吨,B公司提出按FOB天津条件成交,A公司则提出采用FCA北京的条件。试分析A公司与B公司各自提出上述成交条件的出发点。

七、计算题

1. 报某商品FOB青岛每公吨1 500美元,客户要求报价中含2%的佣金,为使净收入不减少,应报价多少？

2. 原报价某商品FOB2%上海每件800英镑,现客户要求佣金增至5%,若不减少外汇收入,应改报多少？

3. 我方出口某商品 150 箱,每箱单价 10 美元 CIF 新加坡,包括佣金 3%。我方应向买方收取多少货款?佣金何时支付?支付多少?如中间商要求增加 2% 的佣金,并表示价格金额可相应提高,试问我方如同意在不影响净收入的前提下给佣金 5%,则应报何价?

4. 以 FOB 新港每公吨 320 美元出口一批货物共 10 公吨,每公吨进货成本为 2 000 元人民币,国内费用为 20%,出口后获退税 1 600 元,求换汇成本与盈亏率各是多少?(设 1 美元折 7.65 元人民币)

5. 以每箱 450 元购进 1 000 箱货物,设国内费用为 15%,退税总额为 25 000 元,以 FOB 上海价出口,客户要求 2% 佣金,若换汇成本要求控制在 7.60 元人民币以内,最低应报价多少?

八、案例分析题

1. 按 CIF 贸易术语出口,卖方按照合同的规定装运完毕并取得包括提单在内的全套装运单据。但是,载货船舶在第二天就触礁沉没。买方闻讯后提出拒收单据,拒付货款。试问,卖方应如何处理?为什么?

2. 有一份 CFR 合同,甲公司出口卡车 500 辆,该批货物装于舱面。这 500 辆中有 40 辆是卖给某国的乙公司的。货物运抵目的港后,由承运人负责分发。航行途中遇到恶劣气候,有 50 辆卡车被冲进海中。事后甲公司宣布,出售给乙公司的 40 辆卡车已在运输途中全部损失,并且因为货物已经越过船弦,甲公不再承担责任。而乙公司认为,甲公司未履行交货义务,要求赔偿损失。请判别孰是孰非并分析为什么。

3. 我国某外贸公司以 CIF LONDON 向英国一商人出售一批核桃仁,凭不可撤销即期信用证付款。由于该货季节性很强,到货的迟早会影响货物的价格。因此,双方在合同中规定:"买方需于 9 月底前将信用证开到,卖方须于 10 月份自中国港口装运,并保证载货轮船不得迟于 12 月 2 日抵达目的港。否则,买方有权取消合同,如货款已经收妥,则须退还买方。"试问该合同的订法是否妥当? 如有不妥,请具体说明。

4. 我国某进出口公司从美国进口某种商品 200 公吨,按每公吨 1 000 美元 FOB VESSEL NEW YORK 成交。按合同约定的支付方式和付款时间,我方通过中国银行向对方开出了一张金额为 20 万美元的信用证,对方接到信用证后认为,信用证金额不足,要求增加 1.2 万美元,作为有关出口税捐及各种签证费用。我方接电后认为,这是美方无理要求,回电指出:"按 FOB VESSEL 条件成交,卖方应负责有关的出口捐税和签证费用,这在《INCOTERMS 2020》中已有规定。"美方回电称:"成交时并未明确规定按《INCOTERMS 2020》办理。根据我们的商业习惯及《1941 年美国对外贸易定义修订本》,出口捐税及费用应由买方承担,我方谦难接受按《INCOTERMS 2020》办理。"这时恰巧该商品的国际市场价格上涨,我方又急需这批商品,只好通过银行将信用证的金额增加了 1.2 万美元。试问:

(1)美国公司的要求是否合理?
(2)在此业务中,我方有无失误?
(3)通过本案例,你认为在同美国等北美国家签订合同时,有关价格条款的规定应注意哪些问题?

5. 我方向一美商购进棉花一批,合同价格规定为每公吨 1 450 美元 FOB NEW YORK,我方受载货轮驶抵 NEW YORK 港后,通知对方装货,但对方要求我方负担从纽约城内仓库至装上船的一切费用。试问,我方应如何处理?为什么?

6. 某年,某进出口公司按 CFR 条件与一客户签约成交某出口商品一批,合同规定保险由买方自理,我方于11月1日凌晨2点装船完毕,受载货轮于当日下午启航。业务员因当天工作较忙而忘记了向客户发出装船通知(Shipping Advice),2日上午上班时才想起并发出装船通知。客户收到我方装船通知后向当地保险公司投保时,该保险公司已获悉装载货物的船舶于2日凌晨4时遇难沉没,货物灭失,因而拒绝承保。客户随即致电我方出口公司说明货物灭失,并且由于我方未能及时向其发出装船通知致使他们未能及时办理保险,因此一切损失应由我方承担。试分析我方应如何处理并说明理由。

7. 某公司按 CIF 条件成交出口货物一批,信用证规定装运期为10月份,10月20日该公司将货运出后,即凭全套货运单据向银行议付,并获得全部货款。10月25日,买方来电称:货在海上全部灭失,要求卖方退回全部货款。我方认为,此货买方既未收到,我方理应退款,并得知货物灭失属于保险公司承保范围,而保险事宜是我方办理的,所以我方可以向保险公司要求赔偿全部损失。你认为我方想法对否?说明理由。

8. 我方某公司以 CFR 上海条件从国外进口一批货物,由国外卖方负责租船运输。支付方式为不可撤销即期信用证。卖方在信用证规定的期限内交付了符合要求的单据,我方开证银行按规定向其支付了货款,并通知某公司前来付款赎单。但我公司付了款取得单据后迟迟得不到有关货物的消息。后得知，承运该批货物的是一家小公司，船离港后不久就宣告破产，船货均失踪。我方公司损失惨重。根据此案分析，我方公司在选择贸易术语时应注意什么问题。

九、操作题

1. 下列我方出口单价的写法是否正确？如有错误或不完整，请更正或补充。
   (1) 每码 3.50 元 CIF 香港；
   (2) 每箱 400 英镑 CFR 英国；
   (3) 每吨 1 000 美元 FOB 伦敦；
   (4) 每打 200 欧元 CFR 净价含 2% 的佣金；
   (5) 1 000 美元 CIF 上海减 1% 的折扣。

2. 根据下列条件草拟合同中的价格条款各一例：
   (1) 净价；
   (2) 含佣价；
   (3) 含折扣价；
   (4) 兼含佣金和折扣的价格。

第三章　货物的运输

一、名词解释
1. 班轮运输
2. 租船运输
3. 定程租船
4. 定期租船
5. 滞期费、速遣费
6. 清洁提单
7. 指示提单
8. 联运提单
9. 海运提单
10. 国际多式联运
11. 空白抬头、空白背书提单
12. F. I. O. S. T.
13. 倒签提单
14. 预借提单
15. Stale B/L

二、填空题
1. 根据船舶营运方式不同,海洋运输可以分为_____和_____两种。
2. 班轮运输的"四固定"是指_____、_____、_____、_____。
3. 班轮运费的计算标准,主要有以下几种,即_____、_____、_____、_____、_____和_____。
4. 在定程租船合同中,装卸费用的负担通常有四种规定方法,即_____、_____、_____和_____。
5. 航空运输有_____、_____、_____、_____四种方式。
6. 班轮提单依照是否可以流通分为_____、_____和_____三种。
7. 班轮运价表内通常把商品分为_____个等级,等级越高收费越_____。
8. 租船运输主要包括_____、_____和_____三种方式。
9. 海运出口货物,信用证上要求的正本已装船提单是凭_____向船公司或其代理换取的。
10. 国际贸易运输中所涉及的单据有很多,但有一些是银行不接受的,如,不清洁提单、_____、_____、_____等。
11. 集装箱货物交接方式一般有_____、_____、_____、_____。

三、判断题

（　）1. 班轮运输的运费包括装卸费,但不计速遣费、滞期费。

（　）2. 如买卖合同规定的装运条款为"Shipment during June/July in two equal lots",那么我方出口公司必须在六、七月,每月各装一批,每批数量相等。

（　）3. 航空运单、铁路运单与海运提单不同,它不属于物权凭证,发货人不能凭以向承运人(航运公司或铁路局)提货。

（　）4. 按收货人的抬头分类,班轮提单主要有记名提单(Straight B/L)和指示提单(Order B/L),我国出口业务中常用的是指示提单。

（　）5. 空白抬头、空白背书的海运提单是指既不填写收货人,又不要背书的提单。

（　）6. 清洁提单是指没有任何批注的提单。

（　）7. 在国际贸易买卖合同中,如采用"选择港"做法,货物装运后,应由卖方将最后决定的卸货港通知公司或其代理人。

（　）8. 出口合同以 CIF VANCOUVER 条件成交,对方来证规定目的港为 MONTREAL/TORONTO(OPTINAL),我方不能接受。

（　）9. 根据《UCP 600》规定,除非信用证另有相反规定,可允许分批装运和转运。

（　）10. 凡装在同一航次、同一条船只并驶向同一目的港的货物,即使装运时间和装运地点不同,也不作为分批装运。

（　）11. 只要船公司或其代理人未在提单上加注"货物装于舱面或将装于舱面",即使货装舱面或提单条款中有货物可装舱面条文,银行均可接受。

（　）12. 按照《UCP 600》规定,除非信用证上另有规定,银行将不接受表明以信用证受益人以外的一方为发货人的运输单据。

（　）13. 在进出口业务中,"交货"等于"装运"。

（　）14. 国际铁路货物联运情况下,发货人凭以向银行结汇的运输单据为铁路运单正本。

（　）15. 国际多式联运经营人只需承担全程运输中的一部分运输任务,且仅对该段运输负责。

（　）16. 国际多式联运的条件之一是:必须全程使用统一费率。

（　）17. 某公司出口货物 300 公吨,12 月 20 日在芜湖将其中的 100 公吨货物装上"长江 2 号,288 航次"轮船。12 月 25 日又在南京将剩余的 200 公吨货物装上该轮船。两次装运的货物均运往新加坡,但由于这 300 公吨货物是分两次在不同地点装的,因此属于分批装运。

( )18. 倒签提单是指货物尚未装船,货主与船方勾结,由船方签发出来的提单。

( )19. 承运人对某批用旧桶包装出口的货物,在提单上批注了"旧桶"字样,因而该提单成为不清洁提单。

( )20. 凡是向美国出口货物,均可采用 OCP 条款,以取得运输上的优惠。

( )21. 在 CFR 条件下,若信用证要求"Freight to be Prepaid",而提单上只注明"Freight Prepaid",则构成单证不符。

( )22. 提单上的收货人"由开证行指示"与"由托运人指示",分别有利于开证行与议付行掌握物权。

( )23. 海上货运单不能以"空白抬头"签发。

( )24. 提单若做成中性单据,即通常所谓的"第三者提单"。则要求以第三者名义作为发货人,空白抬头,空白背书。

( )25. 直达提单上不得有"转船""在某港转船"的批注,但如果提单条款内印就承运人有关转船的"自由转船条款",并无转船批注,则这种提单仍视为直达提单。

( )26. 运输代理行提单是由运输代理行签发的提单,它是一种可以转让的物权凭证,可凭以向承运人提货。

四、单项选择题

1. 已装船提单的日期表示( )。
   A. 货物开始装运的日期　　B. 货物全部装上船的日期
   C. 货物置于船公司保管下的日期

2. 采用 CIF 贸易术语对外成交,海运提单对运费的表示应为( )。
   A. FREIGHT PREPAID　　　　B. FREIGHT TO COLLECT
   C. FREIGHT PREPAYABLE　　D. FREIGHT TO BE PAID

3. 某出口商品每件净重 30 千克,毛重 34 千克,体积每件为 45 厘米×35 厘米×22 厘米,如班轮运价运费计算标准为 W/M10 级,船公司计算运费时( )。
   A. 按净重计收运费　　　　B. 将由托运人自由选定
   C. 按体积计收运费　　　　D. 将由承运人自由选定

4. 必须经过背书,方可转让的提单是( )。
   A. 记名提单   B. 不记名提单   C. 指示提单
5. 目前有关海运提单的国际公约中,影响最大,使用最广的为( )。
   A.《海牙规则》   B.《海牙-维斯比规则》
   C.《汉堡规则》
6. 由租船人任命船长并负责船舶营运的租船方式为( )。
   A. 定程租船   B. 定期租船   C. 光船租船
7. 对港铁路货物运输,发货人凭以向银行结汇的运输单据为( )。
   A. 铁路运单正本 B. 铁路运单副本 C. 承运货物收据
8. 构成不清洁提单的批注为( )。
   A."铁条松散"   B."发货人装箱、点数并铅封"
   C."旧桶装"
9. 班轮从价运费的计算是按货物的( )。
   A. CIF 价   B. FOB 价   C. CFR 价   D. FCA 价
10. 多式联运经营人对运输的责任( )。
    A. 仅限于第一程运输   B. 任选一程负责
    C. 全程运输
11. 航空运输货物时,其收货人提货的凭证是( )。
    A. 航空运单   B. 提货通知单   C. 承运货物收据
12. 空白抬头提单在转让时,其背书人是( )。
    A. 收货人   B. 发货人   C. 承运人
13. 班轮运费( )。
    A. 包括装卸费,计算滞期费、速遣费
    B. 包括装卸费,不计算滞期费、速遣费
    C. 不包括装卸费,仅计算滞期费、速遣费
14. 在采用OCP条款时,目的港宜选择( )。
    A. 旧金山   B. 纽约   C. 芝加哥
15. 承运人在提单上加注了"货物用二手麻袋包装"字样,该提单属于( )。
    A. 不清洁提单   B. 清洁提单
    C. 由出口方出具保函后仍按清洁提单掌握
16. 在集装箱业务中,表示"整箱货"的英文缩写是( )。
    A. CFS   B. FCL   C. LCL

17. 船公司在提单上批注"FEW CARTON BOTTOM LITTLE WET""SOME CARTON LITTLE DAMAGED"等字样,这种提单是（　　）。

　　A. 清洁提单　　　B. 不清洁提单　　C. 指示提单

18. 在程租船方式下,用以表示船方只负担装货费,而不负担卸货费的英文缩写是（　　）。

　　A. FI　　　　　B. FO　　　　　C. FIO

19. 下列不属于海运提单性质和作用的是（　　）。

　　A. 承运货物收据　　　　　B. 货物投保的凭证
　　C. 货物所有权凭证　　　　D. 运输合同的证明

20. 滞期费是（　　）。

　　A. 买方对卖方收取的因卖方延期交货而造成的损失的补偿费
　　B. 租船人未按约定时间完成装卸定额,延误了船期而付给船方的罚款
　　C. 船公司未按约定时间完成装卸定额而付给租船人的罚款

21. 国际多式联合运输是以至少两种不同的运输方式,将货物从一国境内接收货物的地点运至另一国境内指定交付货物的地点。它是（　　）。

　　A. 由一个联运经营人负责货物的全程运输,运费按全程费率一次计收
　　B. 由一个联运经营人负责货物的全程运输,运费按不同运输方式分别计收
　　C. 由首程运输方式的经营人负责货物的全程运输,运费按全程费率一次计收

22. 海运提单是货物所有权的凭证,铁路运单（　　）。

　　A. 也是货物所有权的凭证　　　B. 不是货物所有权的凭证
　　C. 是否是货物所有权的凭证,须视具体情况而定

23. 银行在结汇时,一般只接受（　　）提单。

　　A. 清洁提单　　B. 备运提单　　C. 不清洁提单　　D. 记名提单

24. 根据《UCP 600》的规定,如买卖合同规定立即装运,开来信用证的装运期规定为"尽速"装运,该装运期应理解为（　　）。

　　A. 开证行开出信用证之日起 30 天内装运
　　B. 通知行通知信用证之日起 30 天内装运
　　C. 受益人收到信用证之日起 30 天内装运
　　D. 银行将不予置理

五、多项选择题

1. 以下有关海运提单表述正确的有（　　）。
   A. 海运提单是表明货物已装船的证明
   B. 海运提单是代表货物所有权的凭证
   C. 海运提单是表明承运人已收到货物的收据
   D. 海运提单是承运人和托运人双方权利和义务的依据
   E. 海运提单是办理结算的唯一单据

2. 有关装运时间的表述方法，下列选项正确可行的有（　　）。
   A. Shipment on Dec. 31, 2007
   B. Shipment before the end of Dec., 2007
   C. Shipment on or before Jan. 15th, 2007
   D. Shipment during Nov. / Dec., 2007
   E. Shipment within 30 days after receipt of L/C

3. 过期提单（Stale B/L）是指（　　）。
   A. 货物实际装船时间晚于提单签发时间的提单
   B. 晚于提单上所载明货物到达目的港的提单
   C. 晚于货物实际装运日期 21 天签发的提单
   D. 交单日期超过提单签发日期 21 天的提单

4. 装运期的规定方法很多，其中比较明确合理的规定办法有（　　）。
   A. 某年某月装运　　　　　　B. 某年某月以前装运
   C. 收到信用证后若干天内装运　　D. 近期装运

六、简答题

1. 简述班轮运输的特点。
2. 简述班轮提单的性质和作用。
3. 班轮运费的计算标准有哪些？
4. 何谓"选择港"？出口合同中采用选择港时，应注意哪些问题？
5. 规定"收到信用证后若干天内装运"有何优缺点？如何防范？
6. 什么叫租船运输？它有几种方式？
7. 采用 OCP 条款必须满足哪几个条件？
8. 构成国际多式联运应具备什么条件？
9. 什么叫分批装运？《UCP 600》对此有何规定？
10. 船公司签发了一张"备运提单"（Received for Shipment B/L），签发日期为 5 月 18 日，但在该提单上又加注"6 月 3 日装船"。假设信用证规定该批货物应于 6 月 10 日前装船,并应提交"已装船提单"(Shipped on Board B/L),试问上述提单是否符合信用证规定?

七、计算题

1. 出口某商品 100 公吨,报价每公吨 1 950 美元 FOB 上海,客户要求改报 CFR 伦敦价,已知该货为 5 级货,计费标准为 W,每运费吨运费 70 美元。若要保护外汇净收入不变,应如何报价?若还需征收燃油附加费 10%、货币附加费 10%,又应如何计算?

2. 我方外贸公司出口某商品 1 000 箱,该货每箱收购价为人民币 100 元,国内费用为收购价的 15%,出口后每箱可退税人民币 7 元,外销价每箱 18 美元 CFR 曼谷,每箱货应付海运运费 1.20 美元,试计算该商品的换汇成本。

3. 出口某商品 10 公吨,400 箱装,每箱毛重 28 公斤,体积 20 厘米×30 厘米×40 厘米,单价 CFR 马赛每箱 55 美元,查表知该货为 8 级,计费标准为 W/M,每运费吨运费 80 美元,另征收转船附加费 20%、燃油附加费 10%。该商品的出口总成本为 15 万元人民币,求换汇成本和盈亏率各是多少?(外汇牌价:100 美元=765 元人民币)

4. 我国某公司向英国某商人出口一批箱装货,对外报价每箱 50 美元 CFR 伦敦,后来此英国商人要求改报 FOB 价,如接受此商人要求,我方应报价多少?(已知:该货物体积每箱长 45 cm,宽 40 cm,高 25 cm,每箱毛重 35 公斤,运费计算标准为 W/M,每运费吨基本运费为 120 美元,并加收燃油附加费 20%,港口附加费 10%。)

5. 某货物按运价表规定：以 W/M or A.V. 标准计收运费，以 1 立方米或 1 公吨为 1 运费吨，由甲地至乙地的基本运费为每运费吨 25 美元加 1.5％，现装运该货物一批，体积为 4 立方米，毛重为 3.6 公吨，其 FOB 价值为 8 000 美元，求应付运费。

6. 设我方某公司以每公吨 252.00 美元 CIF 中国口岸进口盘条 1 000 公吨，加工成机械螺丝 100 万罗出口，每罗 0.32 美元 CFR 卡拉奇纸箱装，每箱 250 罗，每箱 0.030 立方米，毛重 30 公斤，海运运费按 W/M 10 级，每运费吨 80 美元，试计算外汇增值率。

八、案例分析题

1. 我国某公司向非洲出口某商品 15 000 箱，合同规定 1 月至 6 月按月等量装运，每月 2 500 箱，凭不可撤销即期信用证付款，客户按时开来信用证，证上总金额与总数量均与合同相符，但装运条款规定为"最迟装运期 6 月 30 日，分数批装运"。我方 1 月份装出 3 000 箱，2 月份装出 4 000 箱，3 月份装出 8 000 箱。客户发现后向我方提出异议。你认为我方这样做是否可以？为什么？

2. 某公司向国外出口大豆 1 000 公吨，国外来证规定：不允许分批装运，装运期不晚于 10 月 30 日。10 月 15 日、10 月 17 日，卖方分别在大连、青岛各装 500 公吨于同一航次的同一船只上，提单上也注明了不同的装货港和不同的装船日期及相同的目的港，问卖方是否违反了信用证的规定？

3. 我国某公司与英国一商人按 CIF 伦敦签约，出口瓷器 1 万件，合同与信用证均规定"装运期为 3 月份至 4 月份，每月装运 5 000 件，允许转船"。我方于

3月30日将5 000件装上"万泉河"轮,取得3月30日的提单,又在4月2日将余下的5 000件装上"风庆"轮,取得4月2日的提单,两轮均在香港转船,两批货均由"曲兰西克"一轮运至目的港。

请问:

(1)本例做法是否属分批装运?为什么?

(2)卖方能否安全收汇?为什么?

4.有一份合同,出售中国晶晶米10 000公吨,合同规定:"自2月份开始,每月装船1 000公吨,分十批交货。"卖方从2月开始交货,但交至第五批大米时,大米品质有霉变,不适合人类食用。因而买方以此为理由,主张以后各批交货均应撤销。请问:

(1)上述情况,买方能否享有此权利?为什么?

(2)若此份合同交易的是一套大型成套的机械设备,在发生第五批品质不符时,买方又能享有什么权利?为什么?

(3)若此笔交易凭信用证结汇,卖方第五批交货违反了交货期,则买方又能坚持什么权利?为什么?

5.我国某出口企业与某外商按CIF某港口,即期信用证方式付款的条件达成交易,出口合同和信用证均规定不准转运。我方在信用证有效期内将货物装上直驶目的港的班轮,并以直达提单办理了议付,国外开证行也凭议付行提交的直达提单付了款。承运船只驶离我国途经某港时,船公司为接载其他货物,擅自将我方托运的货物卸下,换装其他船舶继续运往目的港。由于中途耽搁,加上换装的船舶设备陈旧,使抵达目的港的时间比正常直达船的抵达时间晚了两个多月,影响了买方对货物的使用。为此,买方向我方提出索赔,理由是我方提交的是直运提单,而实际上是转船运输,是弄虚作假行为。你认为我方该如何处理对方的索赔?为什么?

6. 我国某外贸企业向国外一新客户订购一批初级产品，按 CFR 中国某港口，即期信用证付款条件成交，合同规定由卖方以程租船方式将货物运交我方。我方开证行凭国外议付行提交的符合信用证规定的单据付了款。但装运船只一直未到达目的港，后经多方查证，发现承运人原是一家小公司，且在船舶启行后不久已宣告倒闭，承运船舶是一条旧船，船、货物均告失踪，此系卖方与船方互相勾结进行诈骗，导致我方蒙受重大损失。试分析我方应从中吸取哪些教训？

九、操作题

我国龙江贸易公司向日本大成贸易公司出口东北大豆 100 公吨，2015 年产。每公吨 210 美元 CIF 大阪，单层麻袋装，每袋净重 100 公斤。运输标志（唛头）为：

J. D. A.

Osaka Japan

CT－2016－321

Nos. 1 000

货物于 2016 年 3 月 15 日在大连装"长江"号轮运往日本大阪。请根据上列条件填制一份"已装船、清洁空白抬头提单"，并注明"运费已付"。

提　　单

BILL OF LADING

DIRECT OR WITH TRANSHIPMENT

托运人(1)
Shipper

收货人(2)
Consignee

通知(3)
Notify

| 船名(4) | 航次 315 | 装货单号 866 | 提单号 678 |
| Vessel | Voy. | S/O No. | B/L No. |

装货港：中国大连　　　　　　　　　　卸货港：日本大阪
Port of Loading　　　　　　　　　　　Port of Discharge

运费在　　　　　　中国大连　　　　　支付
Freight payable at

托运人所提供的详细情况
Particulars furnished by the Shipper

标志和号数 Marks and Numbers	件数 No. of Packages	货名 Description of goods	毛重 Gross Weight	尺码 Measurement
(5)	(6)	东北大豆	100公吨	
合计件数(大写) Total Packages (in words)				

运费和其他费用：(7)
Freight and Charges

签单日期(8)　　　　　　　　在　　　　　　　　大连
Dated _____ at _____

　　　　　　　　　　　　　　　　　　　　　　　船长
　　　　　　　　　　　　　　　　　　　　　　　For the Master
　　　　　　　　　　　　　　　　　　　　　　　江海洋

第四章 货物运输保险

一、名词解释

1. 单独海损
2. General Average
3. 实际全损
4. 推定全损
5. W/W Clause
6. T. P. N. D.
7. 可保权益
8. OPEN POLICY
9. 卖方利益险
10. 出口信用保险
11. 施救费用
12. 绝对免赔率
13. 相对免赔率
14. 委付
15. 保险金额

二、填空题

1. 被保险货物在海洋运输中，因遭受海上风险而引起的损失，按损失性质可以分为_____和_____；按损失程度可以分为_____和_____。
2. 我国《海洋货物运输保险条款》将其承保的险别分为_____和_____两大类。
3. 当被保险货物遭受承保责任范围内的损失时，必须对货物拥有_____的人才能获得保险赔偿。
4. CIF 出口合同中的保险条款一般应包括四个方面的内容：_____、_____、_____和_____。
5. 单独海损和共同海损的主要区别表现在：_____和_____两个方面。
6. 出口一批货物，CIF 总价 10 万美元，按发票金额的 110% 投保水渍险，途中因意外事故致该货损失 30%，被保险人可获得赔偿_____美元。
7. 我国《陆运货物保险条款》的基本险叫做_____和_____，这两项险别中，保险公司的责任起讫是_____。
8. 《UCP 600》规定，投保金额一般应是发票金额的_____。
9. 我国航空货物运输保险的险别分为_____和_____。
10. 我国邮包运输保险的险别为_____和_____。

11. 向保险公司索赔的期限是＿＿＿＿＿＿＿＿＿＿＿＿＿＿＿＿＿。
12. 中国保险条款（CIC）中,海运货物保险条款的三种基本险别分别是＿＿＿＿＿、＿＿＿＿＿、＿＿＿＿＿,分别依次相当于伦敦保险协会的协会货物条款（ICC）的＿＿＿＿＿、＿＿＿＿＿、＿＿＿＿＿。

三、判断题

（　）1. 某纺织品出口,在海运途中由于船上管道漏水,使部分货物出现水渍,如果我们投保了水渍险,保险公司就应该负责赔偿。

（　）2. 我方以 CIF 条件出口棉织品 500 包,并根据合同规定投水渍险。货在途中因货舱淡水管道滴漏,使其中 60 包遭水渍,保险公司应对此损失进行赔偿。

（　）3. 按照我国现行货物运输保险条款的规定,凡已投保战争险,若在加保罢工险,则不另行收费。

（　）4. 伦敦保险协会的货物运输保险条款有六种险别,其中 ICC（A）、ICC（B）、ICC（C）三种险别能单独投保,另外三种险别不能单独投保。

（　）5. 按我国海运货物保险条款,如已投保了一切险,就毋须另行投保任何附加险别。

（　）6. 我方按 CFR 贸易术语进口一批货物,在国内投保了一切险,货物在装运港装船前发生损失,因该损失属于仓至仓条款规定的保险公司责任起讫范围,故保险公司应予赔偿。

（　）7. 在海运货物保险业务中,仓至仓条款对于驳船运输所造成的损失,保险公司不承担责任。

（　）8. 英国伦敦保险协会货物险的 A 险条款接近于我国海运货物保险条款的平安险。

（　）9. 在投保一切险后,如货物在海运途中由于任何外来原因造成的货损货差,保险公司均应负责赔偿。

（　）10. 仓至仓条款是指承运人负责将货物从卖方仓库运至买方仓库的运输条款。

（　）11. 即使因共同海损导致 A 的货物全部损失,但 A 仅遭受到部分损失。

（　）12. CIC 战争险和 ICC 战争险均可单独投保。

（　）13. 出口一批玻璃器皿,因其在运输途中容易破碎,所以在投保一切险的基础上还应加保碰损破碎险。

( )14. 伦敦保险协会制定的 ICC(A)、ICC(B)、ICC(C)险,依次取代原来的 FPA、WA 和 ALL RISKS。

( )15. 在我国海洋运输货物保险业务中,三种基本险和特殊附加险中的罢工险均可适用仓至仓条款。

( )16. 目前国外商人对我国出口,按 CIF 和 CIP 条件,要求按伦敦协会货物条款投保,我方一般也予接受。

( )17. 我方某公司按 CFR 贸易术语进口货物 1 000 箱,在国内投保了平安险,货物在目的港卸货时有 2 箱落入海中,因该损失属于投保公司的责任范围,保险公司应予赔偿。

( )18. 货物运输保险单的转让,无须征得保险人的同意,只经背书即可。

( )19. 按 CFR 条件,D/P 远期付款交单方式出口货物一批,出口人为安全起见投保了卖方利益险,货物虽安全到达目的港,但买方却借故不付款赎单。在这种情况下,保险公司应对出口人由此造成的损失负赔偿责任。

( )20. 在中国人民保险公司办理了投保手续,索赔地点必须在中国。

( )21. 投保人必须对保险标的物具有可保利益(包括预期保险利益),才能与保险公司订立保险合同。

( )22. 某货物 100 箱投保了平安险,在运输途中因暴风雨损坏 20 箱,保险公司应予赔偿。

( )23. 向科威特出口货物一批,投保了一切险与战争险,货在科威特卸船后,存进了码头仓库,在存进码头仓库的第三天被炮弹击中,货物全部灭失,该损失应由保险公司赔偿。

( )24. 以 CFR 条件进口一批货物,投保平安险,装船时两件货物落入海里,保险公司应负责赔偿。

( )25. 对货物投保了战争险,在运输途中受原子弹袭击,此项损失保险公司不予赔偿。

( )26. 买卖双方按 CIFC 考虑 5%成交,交易总额为 10 万美元,则我方出口业务中的最低投保金额为 11 万美元。

( )27. 陆运险中,保险公司承保的责任包括正常运输过程中的陆上和与其相连接的水上驳运在内。

( )28. 陆运货物保险中也存在共同海损的牺牲、分摊及救助费用。

( )29. 中国人民保险公司陆运货物保险条款规定:陆运货物战争险仅

限于火车上。
（　　）30. 伦敦保险协会货物险条款中的 A 险的承保风险包括"海上风险""一般外来风险""恶意损害行为"和"海盗行为"。
（　　）31. 由买卖合同中的 CIF San Francisco 改为信用证项下的 CIF San Francisco OCP New York 时，保险公司的承保责任仍局限于 San Francisco。
（　　）32. 海上风险并不包括一切在海上发生的风险，又不局限于在航海中所产生的风险。
（　　）33. 货物在海运途中受损或短少，应视责任所在确定索赔对象，但一般确定索赔先从保险公司考虑。
（　　）34. A 客户有三个集装箱的货物出运，在装船过程中，一箱跌入海中无法打捞回来，则 A 客户损失仍构成全损。
（　　）35. 在出口业务中，保险单的出单日期一般不能晚于海运提单的签发日期。
（　　）36. 出口托运玻璃制品时，被保险人在投保一切险后，还应加保破险。
（　　）37. 在投保一切险的情况下，保险公司对所承保货物在运输途中由于自然灾害、意外事故和一切外来风险所导致的损失均负责赔偿。
（　　）38. 平安险的英文原意是"单独海损不赔"，也就是说，投保该险时，保险人对所有单独海损造成的后果不负责任。

四、单项选择题

1. 在伦敦保险协会货物保险条款的三种主要险别中，保险人责任最低的险别是（　　）。
   A. A 险　　　　B. B 险　　　　C. C 险
2. WPA 是指（　　）。
   A. 平安险　　　B. 水渍险　　　C. 一切险　　　D. 战争险
3. 一批货物在海运途中发生承保范围内的损失，其修理费用超过货物修复后的价值，这种损失属于（　　）。
   A. 实际全损　　B. 推定全损　　C. 共同海损　　D. 单独海损
4. ICC 险别中，不能单独投保的险别为（　　）。
   A. ICC 战争险　B. ICC 罢工险　C. ICC(C)险　　D. 恶意损害险
5. 下列不属于一切险承保范围内的险别的是（　　）。

A. 偷窃提货不着险　　　　　　B. 渗漏险
C. 交货不到险　　　　　　　　D. 包装破裂险

6. 某远洋货轮在航行途中,A 舱起火,船长误以为 B 舱也同时失火,命令对两舱同时施救,A 舱共有两批货物,甲批货物全部焚毁,乙批货物为棉织被单,全部遭受水浸,B 舱货物也都遭受水浸。则( )。
   A. A 舱乙批货与 B 舱货物损失都属单独海损
   B. A 舱乙批货与 B 舱货物损失都属共同海损
   C. A 舱乙批货损属于共同海损,B 舱货损属于单独海损
   D. A 舱乙批货损属于单独海损,B 舱货损属于共同海损

7. 共同海损属于( )。
   A. 全部损失　　　B. 部分损失
   C. 单独海损　　　D. 有时是全部损失,有时是部分损失

8. 按 FOB 条件进口一批货物,我方向保险公司投保了一切险,保险公司的责任起讫是( )。
   A. 仓至仓　　　B. 船至仓　　　C. 仓至船

9. 某公司出口货物一批,按 CIF 价值的 110% 投保了水渍险,在此基础上还可加保( )。
   A. 平安险和渗漏险　　　　　　B. 破碎险和战争险
   C. 一切险和战争险

10. "仓至仓条款"是( )。
    A. 承运人运输责任起讫的条款　　　B. 承保人保险责任起讫的条款
    C. 出口人交货责任起讫的条款

11. 某易损商品投保时规定相对免赔率为 3%,而运输中实际损失达 5%,保险公司应赔( )。
    A. 3%　　　B. 5%　　　C. 2%

12. 我公司以 CIF 条件与外商达成一笔出口交易,按《INCOTERMS 2020》规定,如果外商对保险无要求,则我方可投保( )。
    A. 一切险加战争险　　　　　　B. 一切险
    C. 保险人承担责任范围最小的险别

13. 某公司按 CIF 条件出口 500 箱货物,投保了平安险,在装船时出现两次脱钩,第一次脱钩使 20 箱货物落于码头而全部损坏,第二次脱钩又使 17 箱货物掉入海中被水浸泡而丧失使用价值,保险公司对此( )。
    A. 不予赔偿　　　　　　　　　B. 仅赔偿第二次脱钩的损失

C. 两次脱钩的损失均赔偿

14. 保险人承保的费用包括( )。
    A. 施救费用和救助费用   B. 施救费用和修理费用
    C. 修复费用

15. 一般附加险中不包括( )。
    A. 碰损破碎险   B. 淡水雨淋险   C. 黄曲霉素险

16. 构成推定全损有各种不同情况,其中( )不能算作推定全损的范畴。
    A. 被保险货物受损后,修理费超过货物修复后的价值
    B. 被保险货物受损后,修理和续运到目的地的费用超过货物在目的地的价值
    C. 必须属于非常性质的损失

17. 共同海损分摊涉及的受益方不包括( )。
    A. 船方   B. 货方   C. 救助方

18. 在国际贸易运输保险业务中,单独海损仅涉及受损货物所有人单方面的利益,因而仅由受损方单独承担损失。这种损失是( )。
    A. 部分损失
    B. 有时是全部损失,有时是部分损失
    C. 全部损失

19. 按照中国保险条款的规定,一切险的责任范围是( )。
    A. 水渍险责任范围加上一般外来原因所致的全部和部分损失
    B. 平安险责任范围加上一般外来原因所致的全部和部分损失
    C. 平安险和水渍险的责任范围加上一切外来原因所致的全部和部分损失

五、多项选择题

1. 根据我国海洋货物运输保险条款的规定,基本险有( )。
   A. 水渍险   B. 战争险   C. 平安险
   D. 一切险   E. 罢工险

2. 根据我国海洋货物运输保险条款的规定,一般附加险包括( )。
   A. 短量险   B. 偷窃提货不着险
   C. 交货不到险   D. 碰损、破碎险
   E. 拒收险

3. 根据我国海洋货物运输保险条款的规定,保险人的除外责任包括( )。

A. 被保险人的故意行为或过失所造成的损失

B. 属于发货人的责任所引起的损失

C. 在保险责任开始前,被保险货物已存在的品质不良或数量短差所造成的损失

D. 被保险货物的自然损耗、本质特性、缺陷及市价跌落、运输延迟所引起的损失或费用

E. 由于承运人责任所造成的货损

4. 我方按 CIF 贸易术语对外发盘,下列险别中,能作为保险条款提出,且是最妥当的险种有(　　)。

   A. 一切险、淡水雨淋险、钩损险

   B. 平安险、一切险、战争险

   C. 水渍险、受潮受热险

   D. 偷窃提货不着险、战争险、罢工险

   E. 一切险、战争险、罢工险

5. 以下选项中,属于一切险承保的责任范围的有(　　)。

   A. 淡水雨淋险　　B. 钩损险　　C. 短量险　　D. 渗漏险

   E. 串味险

6. 英国伦敦保险协会的协会货物条款规定的险别同中国保险条款中海运货物保险条款的险别相比,在承保范围上大体相同的是(　　)。

   A. ICC(A)与一切险　　　　B. ICC(B)与水渍险

   C. ICC(C)与一切险　　　　D. ICC(B)与平安险

   E. ICC(C)与水渍险

7. 国际贸易货物运输保险中的英国保险业 ICC 六种险别中,(　　)是可以单独投保的。

   A. ICC 恶意损害险　　　　B. ICC(A)

   C. ICC(B)　　　　　　　　D. ICC(C)

   E. ICC 战争险、罢工险

8. 以下关于保单作用的选项,正确的有(　　)。

   A. 物权凭证　　B. 索赔证明　　C. 保险合同

   D. 货物收据　　E. 运输契约的证明

六、简答题

1. 构成共同海损的条件有哪些?

2. 实际全损与推定全损有何区别?

3. 对于自然灾害造成的部分损失,平安险怎样负责?

4. 我国海洋运输货物保险的基本险别有哪几种,它们的责任范围有何不同?

5. 我国海洋运输货物保险的附加险有哪些?投保一切险时,是否包括上述的附加险?

6. 以 CIF 或 CIP 条件出口,合同中的保险条款应包括哪些内容?

7. 何谓预约保险?预约保险对被保险人有何好处?

8. 什么叫可保利益?外贸业务中的可保权益主要包含哪些内容?

9. 按 FOB 或 CFR 条件出口时,保险公司通常对从出口方仓库至装船前一段发生的货损不予赔偿,原因何在?

10. 保险单据的主要种类有哪些,其作用如何?

七、计算题

1. 某外贸公司出口商品 215 公吨,外销价格每公吨 180 美元 FOB 上海。合同签订后,由于运输保险问题,外商要求价格条件改为 CIF 新加坡,经了解核查,该货到新加坡的基本运费为每公吨 20 美元,港口附加费为 10%,如果按 CIF 加一成投保一切险加战争险,费率分别为 0.5% 和 0.03%。试问,我方报的 CIF 最低价应为多少?

2. 某外贸公司向英国出口一批货物,其发票总额为 12 000 美元,加一成投保一切险及战争险,费率分别为 0.6% 和 0.4%。问这笔业务的投保金额和保险费各是多少?

3. 保险公司按绝对免赔率 5% 承保某公司出口的瓷器一批,投保金额为 72 000 美元,货到后经清点有 12% 的破碎,保险公司应赔偿多少?

4. 报价某商品 CIF 旧金山每公吨 2 000 美元,按发票金额的 110% 投保,费率合计为 0.6%,客户要求按发票金额的 130% 投保,我方应改报多少?

5. 我国某公司出口一批商品共 1 000 公吨，出口价格为每公吨 2 000 美元 CIF 伦敦。客户现要求改报 FOBC 5％上海价。查该商品总重量为 1 200 公吨，总体积为 1 100 立方米，海运运费按 W/M 计收，每运费吨基本运费率为 120 美元，港口附加费 15％；原报价的保险金额按 CIF 价另加成 10％，保险险别为一切险，保险费率为 1％。试求该商品的 FOBC 5％上海价。

八、案例分析题

1. 我方以 CFR 贸易术语出口货物一批，在出口公司仓库到码头待运的过程中，货物发生损失，应由何方负责？如对方已向保险公司办理了保险，可否通过对方向保险公司索赔？

2. 某轮载货后，在航运途中 A 舱起火。船长下令对该舱灌水灭火。A 舱原载有文具用品、茶叶等，灭火后发现文具用品一部分被焚毁，另一部分文具用品和全部茶叶被水浸湿。试分别说明以上各项损失的性质，并指出在承担何种险别的情况下，保险公司才负责赔偿。

3. 某公司以 CFR 上海从国外进口一批货物，并据卖方提供的装船通知及时向中国人民保险公司投保了水渍险，后来由于国内用户发生变更，我方通知承运人货改卸黄浦港。在货由黄浦装火车运往南京途中遇到山洪，致使部分货物受损，我方进口公司据此向保险公司索赔，但遭到拒绝。保险公司拒赔有无道理？说明理由。

4. 某货轮从天津新港驶往新加坡，在航行途中船舶货舱起火，大火蔓延到机舱，船长为了船、货的共同安全，下令往舱内灌水，火很快被扑灭。但由于主机受损，无法继续航行，于是船长决定雇用拖轮将船拖回新港修理，修好后重新驶往新加坡。这次意外造成的损失共有：
(1)1 000 箱货被火烧毁；
(2)600 箱货被水浇湿；
(3)主机和部分甲板被烧坏；
(4)拖轮费用；
(5)额外增加的燃料和船上人员的工资。
问：从损失的性质看，上述损失各属何种损失？为什么？

5. 我国某出口公司按 CIF 条件出口金铃牌 48 头餐具 500 箱，装运前出口公司向中国人民保险公司办理了保险，投保金额为 CIF 价值的 110%，保险险别为平安险。在装船时，有 20 箱因吊钩脱扣而落入海中。试问：保险公司对此项损失是否赔偿？如此笔业务是按 FOB 或 CFR 条件成交，保险公司对此项损失是否赔偿？为什么？

6. 有一载货海轮，在舱面上载有 1 000 台拖拉机，在航程中遇到恶劣气候，海浪已将 450 台拖拉机卷入海中，从而使海轮在巨浪中出现严重倾斜，如不立即采取措施，海轮随时有翻船沉没的危险。船长在危急关头下令将其余的 550 台拖拉机全部抛入海中，从而使得船身在风浪中保持平衡。试问：按照上述情况，前一个 450 台和后一个 550 台的损失，在海损中是否都属于共同海损？为什么？

7. 有一批已投买保险的货物，受载该批货物的海轮在航程中发生火灾，经船长下令施救后，火被扑灭。事后检查发现该批货物损失情况如下：
(1)500 箱受严重水渍损失，无其他损失；
(2)500 箱既受热熏损失，又受水渍损失，但未发现任何火烧的痕迹；
(3)200 箱着火但已被扑灭，有严重水渍损失；
(4)300 箱已烧毁。
试问上述四种情况分别属于何种性质的海损？为什么？

8. 有一载货的海轮,在航行中不幸触礁,船身撞穿一个大洞,海水随即大量涌入,这不仅使一部分货物遭到严重的水渍损失,而且船舶由于海水大量涌入,随时有沉没的危险。船长为了船、货的共同安全,立即下令将船舶驶上附近的浅滩,采取有意搁浅而避免船舶下沉的危险。试问在上述事故中,出现的下列三种情况造成的损失分别属于何种性质的海损?为什么?

(1)因触礁,船身撞穿一个大洞;

(2)因船身撞穿而使货物发生水渍损失;

(3)因有意搁浅而造成的损失。

9. 某一载货海轮,在航行中有一船舱发生火灾,危及船、货的共同安全,经船长下令灌水施救后被扑灭。事后检查该船舱的货物,原装在该舱内的500包棉花,除部分烧毁外,剩下部分有严重的水渍,只能作为纸浆出售给造纸厂,得价占原货价值的30%,即损失货价70%;原装在该舱内的尚有500包大米,经检验这500包大米只有水渍损失,而无烧毁或热熏的损失,经晾干处理后,可作为次米出售,得价占原价的50%。按照上述情况,棉花损失占原价的70%,大米损失占原价的50%。试问在保险业务中,这两种情况是否都属于部分损失?为什么?

10. 有一批货物投保了平安险,载运该批货物的甲海轮在航行中发生碰撞事故,使该货受到部分损失。试问保险公司是否承担赔偿责任?又有另一批货物,载运该批货物的乙海轮,途中遇到暴风雨的袭击,由于船舶颠簸,货物相互碰撞而发生部分损失。试问保险公司是否应承担赔偿责任?为什么?

11. 有一批货物已按发票总值的110%投保了平安险,载运该批货物的海轮于5月3日在海面遇到暴风雨的袭击,使该批货物受到部分水渍,损失1 000

元;该轮在继续航行中,又于 5 月 8 日发生触礁事故,又使该批货物发生部分损失,也为 1 000 元。试问保险公司按平安险条款应赔付多少? 为什么?

12. 某批货物投保了水渍险,运载该批货物的海轮在航行中遇到下雨,而使货物遭到水渍损失。试问在上述情况下,保险公司是否负责赔偿? 为什么?

13. 我方向海湾某国出口花生糖一批,投保的是一切险,由于货轮陈旧,速度慢,加上该轮沿途到处揽载,结果航行 3 个月才到达目的港。卸货后,花生糖因受热时间长已全部潮解软化,无法销售。问这种情况保险公司是否负责赔偿? 为什么?

14. 我方按 CIF 出口冷冻食品一批,合同规定投保平安险加战争、罢工险。货到目的港后,适逢码头工人罢工,港口无人作业、货物无法卸载。不久货轮因无法补充燃料以致冷冻设备停机。等到罢工结束,该批冷冻食品已变质。问这种由于罢工而引起的损失,保险公司是否赔偿?

15. 我方按 CIF 条件出口大豆 1 000 公吨,计 10 000 包。合同规定投保一切险加战争险、罢工险。货卸目的港码头后,当地码头工人便开始罢工。在工人与政府的武装力量进行对抗中,该批大豆有的被撒在地面,有的被当做掩体,有的丢失,总共损失近半。问这种损失保险公司是否负责赔偿?

第五章 货款的支付

一、名词解释

1. BILL OF EXCHANGE
2. D/P·T/R
3. 支票
4. 托收
5. 贴现
6. 承兑
7. 背书
8. 保兑
9. T/T
10. 议付
11. 汇付
12. 付款交单
13. 信用证
14. 承兑交单
15. 《UCP 600》
16. 保兑信用证
17. 议付信用证
18. 即期信用证
19. 远期信用证
20. 可转让信用证
21. 循环信用证
22. 假远期信用证
23. 银行保证书
24. 备用信用证

二、填空题

1. 国际结算中使用的票据主要有_____、_____和_____。
2. 汇票按出票人的不同可分为_____和_____;按付款时间的不同分为_____和_____。
3. 资金流向与票据流向相同时称_____,而资金流向与票据流向相对时则称_____。
4. 开立汇票时,其抬头(汇票受款人)通常有三种写法:(1)_____;(2)_____;(3)_____。
5. 远期汇票中,远期时间的起算方法有_____、_____、_____和_____。
6. 本票按签发人的不同,可分为_____和_____两种。
7. 汇付方式可分为_____、_____和_____三种。
8. 托收按交单条件的不同,可分为_____和_____。其中按付款时间的不同可分为_____和_____。
9. 出口采用托收时,应争取按_____(贸易术语)成交;如争取不到,则应投保_____险。

10. 托收时涉及的当事人通常有_____、_____、_____、_____。

11. 国际商会1996年修订的《商业单据托收统一规则》又被称为_____号小册子。

12. 信用证业务涉及的当事人通常有_____、_____、_____、_____、_____。

13. 信用证的基本内容主要包括_____、_____、_____、_____。

14. 假远期信用证应具备的条件是:(1)_____;(2)_____;(3)_____。

15. 循环信用证的循环方式有:_____、_____、_____。

16. 除非信用证另有规定,开立商业发票必须以_____为抬头。

17. 有关信用证的国际惯例叫_____。

18. 假远期信用证规定,受益人开出_____汇票,开证行(付款行)负责_____,有关的_____费用由进口人负担。所以受益人能即期十足收款,但在汇票尚未付款前,受益人仍有_____的风险。

19. 根据《UCP 600》规定,信用证中未注明"可转让"字样时,则为_____信用证。

20. 我方对外出口货物一批,规定以跟单托收方式收款,试按下列情况填写"承兑日""付款日"和"交单日"。

托收方式	提示日或首次提示日	承兑日	付款日	交单日
D/P AT SIGHT	5月8日			
D/P AT 30 DAYS AFTER SIGHT	5月8日			
D/A AT 45 DAYS AFTER SIGHT	5月8日			

三、判断题

(　　)1. 本票一般可分为即期和远期两种,在国际贸易中使用的本票大都是远期的。

(   )2. 汇票有商业汇票和银行汇票之分,在进出口贸易货款收付中,托收使用的是商业汇票,信用证使用的是银行汇票。

(   )3. 采用汇付方式,有关单据一般不通过银行转递,而由出口人自行寄交进口人,所以出口人采用汇付方式,一般不会有什么风险。

(   )4. 在D/P方式下,银行交单以进口人付款为条件,如进口人不付款,货物所有权仍在出口人手中,所以D/P对出口人没有什么风险。

(   )5. 承兑交单(D/A)最易为买方接受,有利于达成交易,所以在出口业务中,应扩大对承兑交单的使用。

(   )6. 在票汇情况下,买方购买银行汇票寄交卖方,因采用的是银行汇票,故这种付款方式属于银行信用。

(   )7. 汇票一经付款人(承兑人)付款,出票人对汇票的责任即告解除。

(   )8. 票汇方式用于预付款的出口交易,出口人收到国外银行汇票或银行本票时,即可发运货物。

(   )9. 在国际货物买卖中,就卖方安全收汇来讲,D/P、D/A 和L/C这三种方式,以信用证方式最为可靠。

(   )10. 在我国出口业务中,我国出口公司收到进口人寄来的开证申请书后,即可据此办理货物的出口装运工作。

(   )11. 根据国际贸易惯例,凡信用证上未注明可否转让字样的,即视为可转让信用证。

(   )12.《UCP 600》既适用于跟单信用证,也适用于备用信用证。

(   )13. 信用证修改通知书有多项内容时,可只接受同意的内容,而对不同意的内容予以拒绝。

(   )14. 汇票的抬头是指汇票的出票人。

(   )15. 在出口商授权按 D/P·T/R 方式托收时,出口商所承担的风险与 D/A 差不多。

(   )16. 银行汇票的出票人和付款人都是银行。

(   )17. 保兑行与开证行都承担第一付款人的责任。

(   )18. 根据《UCP 600》,未规定装运期的L/C无效。

(   )19. 根据《UCP 600》,有装运期但未规定有效期的L/C无效。

(   )20. 信用证是银行根据进口人申请开立的,进口人承担信用证中第一付款人的责任。

(   )21. 采用信用证支付方式,议付行议付后,如开证行倒闭或拒付,可向受益人行使追索权;但开证行与保兑行付款后,则均无追索权。

（ ）22.根据《UCP 600》，在保兑信用证项下，保兑行的付款责任是在开证行不履行付款义务时才履行付款义务。

（ ）23.买方远期信用证（假远期信用证）就出口商的收汇时间而言，等于即期信用证，而就出口商的收汇风险而言，等于远期信用证。

（ ）24.《UCP 600》对跟单信用证全部适用，但对备用信用证只是部分适用。

（ ）25.在议付信用证项下，保兑行在议付受益人依信用证出具的汇票及/或提交的单据后，对出票人及/或善意持票人无追索权。

（ ）26.《UCP 600》规定，在限制议付信用证情况下，单据只能向被指定银行提交。

（ ）27.除非信用证另有规定，可转让信用证的第一受益人可要求将信用证转让给本国或另一个国家的一个或几个第二受益人。

（ ）28.可转让信用证只能转让一次，因而第二受益人不能要求将信用证再转让给第三受益人，也不能再转让给第一受益人。

（ ）29.可转让信用证转让后，第二受益人如不交货或交货不符合买卖合同等，第一受益人仍须承担买卖合同的违约责任。

（ ）30.在备用信用证项下，受益人只有在开证申请人未履行义务时，才能行使信用证规定的权利。因而，开证银行承担第二性的付款责任。

（ ）31.银行保证书与信用证同属银行信用，因而银行保证书的担保银行与信用证的开证银行在任何情况下均承担第一性的付款责任。

（ ）32.分期付款与延期付款都是利用外资的方式。

（ ）33.国外开来信用证规定最迟装运期为 2007 年 7 月 31 日，议付有效期为 2007 年 8 月 15 日。船公司签发的提单日期为 2007 年 7 月 20 日，受益人于 8 月 14 日向银行交单议付。按惯例，银行应予议付。

（ ）34.汇票、支票、本票都可分为即期与远期两种。

（ ）35.商业汇票和银行汇票的主要区别在于：前者的付款人是商业企业，后者的付款人是银行。

（ ）36.《UCP 600》规定，开证行不得要求受益人出具以开证申请人为付款人的汇票兑付。

(　　)37. 在承兑交单的情况下,是由代收行对汇票进行承兑后,向进口人交单。

(　　)38. 在我国的出口业务中,信用证的到期地点应争取在我国。

(　　)39. 在进出口业务中,符合"安全、及时收汇"原则的结算方式是汇款。

(　　)40. 如果受益人要求信用证申请人将信用证的有效期延长半个月,在信用证未规定装运期的情况下,同一信用证上的装运期也可顺延半个月。

四、单项选择题

1. 汇票有即期和远期之分,在承兑业务中(　　)。
   A. 只使用即期汇票,不使用远期汇票
   B. 只使用远期汇票,不使用即期汇票
   C. 可使用即期汇票,也可使用远期汇票,由双方事先约定

2. 在国际货物买卖中,出口人使用托收方式委托并通过银行收取货款,使用的汇票是(　　)。
   A. 商业汇票,属于银行信用　　　B. 银行汇票,属于银行信用
   C. 商业汇票,属于商业信用　　　D. 银行汇票,属于商业信用

3. 在出口业务中,如采用托收支付方式,我方应争取使用以下贸易术语中的(　　)。
   A. FOB　　　B. CFR　　　C. FCA　　　D. CIF

4. 在其他条件相同的情况下,(　　)的远期汇票对收款人最为有力。
   A. 出票后 30 天付款　　　B. 提单签发日后 30 天
   C. 见票后 30 天付款　　　D. 货到目的港后 30 天付款

5. 承兑是(　　)对远期汇票表示承担到期付款责任的行为。
   A. 付款人　　B. 收款人　　C. 出口人　　D. 议付银行

6. 以下关于汇付的陈述正确的是(　　)。
   A. 由于汇付方式涉及两家银行之间的资金支付,因此汇付属于银行信用
   B. 汇付方式比托收方式更安全,更迅速
   C. 汇付的基本当事人是汇款人和收款人
   D. 汇付属于顺汇性质

7. 托收方式下 D/P 和 D/A 的主要区别是(　　)。
   A. D/P 是属于跟单托收,D/A 是属于光票托收
   B. D/P 是付款交单,D/A 是承兑交单

C. D/P 是即期付款，D/A 是远期付款

D. D/P 是银行信用，D/A 是商业信用

8. 支票的当事人和付款时间分别为（　　）。

　　A. 三个当事人，即/远期付款　　B. 三个当事人，即期付款

　　C. 两个当事人，即/远期付款　　D. 两个当事人，即期付款

9. 使用循环信用证的目的在于简化手续和减少开证押金，这种信用证一般适用于（　　）。

　　A. 易货贸易、来料加工和补偿贸易

　　B. 中间商用于转运他人货物的合同

　　C. 母公司与子公司之间的贸易合同

　　D. 定期分批、均衡供货、分批结汇的长期合同

10. 在合同规定以信用证付款的条件下，（　　）负有申请开立信用证的义务。

　　A. 卖方　　B. 买方　　C. 开证行　　D. 议付行

11. 支票的基本关系人中没有（　　）。

　　A. 出票人　　B. 付款人　　C. 承兑人　　D. 收款人

12. 以下英语与中文翻译对应关系正确的是（　　）。

　　A. BILL OF EXCHANGE：本票

　　B. PROMISSORY NOTE：承兑汇票

　　C. ACCEPTANCE：承兑

　　D. CHEQUE/CHECK：背书

13. 英文缩写为 D/D 的是（　　）。

　　A. 信汇　　B. 电汇　　C. 票汇　　D. 汇票

14. 根据《URC 522》，D/A 90 天远期，代收行应在什么时候交单（　　）。

　　A. 收到单据后 7 个工作日内　　B. 承兑后交单

　　C. 船到港后交单　　D. 承兑日付款时交单

15. 如果 L/C 上未明确付款人，则制作汇票时，付款人应为（　　）。

　　A. 开证申请人　B. 开证银行　　C. 议付银行

16. 指示抬头的汇票（　　）。

　　A. 不能通过背书转让

　　B. 必须经背书才能转让

　　C. 无须背书即能转让

17. 买卖双方以 D/P·T/R 条件成交签约，货到目的港后，买方凭 T/R 向

代收行借单提货。若卖方事后收不回货款时,则( )。

 A. 代收行应负责向卖方偿付

 B. 由卖方自行负担货物损失

 C. 由卖方与代收行协商共同负担损失

18. 信用证体现了( )。

 A. 开证申请人与开证行之间的契约关系

 B. 开证行与信用证受益人之间的契约关系

 C. 开证申请人与开证行之间的契约关系,又体现了开证行与信用证受益人之间的契约关系

 D. 开证申请人与信用证受益人之间的契约关系

19. 出口合同规定的付款条件为全部货款的50%按信用证方式支付,其余50%按D/P即期收取,为安全收汇起见,应在合同中规定( )。

 A. 开两张汇票,各随附一套等价的货运单据

 B. 开两张汇票,信用证项下采用光票,全套货运单据随附在托收的汇票项下

 C. 开两张汇票,托收项下光票,全套货运单据随附于信用证的汇票项下

20. 信用证的基础是国际货物买卖合同,但信用证又是开证行对出口人的有条件的付款承诺,所以当信用证条款与买卖合同规定不一致时,受益人应要求( )。

 A. 开证行修改

 B. 开证申请人修改

 C. 通知行修改

21. 根据《信用证统一惯例》规定,偿付行( )。

 A. 应仔细审单,如单证不符,则不予偿付

 B. 不受单,不审单,只凭开证行的授权书或信用证副本负责偿付

 C. 既受单,又审单,如发现不符点,应征得开证行同意后方予偿付

22. 假远期信用证实际上是套用了( )。

 A. 卖方资金

 B. 贴现银行资金

 C. 买方资金

23. A公司向B公司出口一批货物,B公司通过C银行开给A公司一张不可撤销即期议付信用证,当A公司于货物装船后持全套货运单据向银行办理议付时,B公司倒闭了,按惯例银行( )。

A. 可以 B 公司倒闭为由拒付货款

B. 仍承担付款责任

C. 有权推迟付款,推迟时间由 AC 双方协商

24. 按照《UCP 600》的规定,在议付信用证项下,汇票的付款人应是( )。

　　A. 开证申请人　　　　　　B. 开证行或其指定银行

　　C. 议付行　　　　　　　　D. 通知行

25. 使用 D/P,D/A 和 L/C 三种方式结算货款,就卖方的收汇风险而言,从大到小依次为( )。

　　A. D/A,D/P 和 L/C　　　　B. D/P,D/A 和 L/C

　　C. L/C,D/P 和 D/A　　　　D. L/C,D/A 和 D/P

26. 来料加工业务,若采用对开信用证结算,加工方应选择( )。

　　A. 原料进口采用即期信用证,成品返销采用远期信用证

　　B. 原料进口采用远期信用证,成品返销采用即期信用证

　　C. 原料进口和成品返销均采用即期信用证

　　D. 原料进口和成品返销均采用远期信用证

27. 备用 L/C 的用途类似银行保函,但开证行承担( )。

　　A. 第二付款人的责任　　　B. 第一付款人的责任

28. 由出票人允诺于规定时间无条件地由他自己向受款人支付一定金额的票据是( )。

　　A. 汇票　　　B. 本票　　　C. 支票

29. 信用证的汇票条款注明"drawn on us",则汇票的付款人应是( )。

　　A. 开证申请人　B. 开证行　　C. 议付行

30. 不必规定一个到期地点的信用证是( )。

　　A. 即期付款信用证　　　　B. 延期付款信用证

　　C. 承兑信用证　　　　　　D. 公开议付信用证

　　E. 限制议付信用证

31. 备用信用证是( )。

　　A. 跟单信用证的一种

　　B. 一种特殊形式的光票信用证

　　C. 既可是跟单信用证,又可是光票信用证

32. 进口大型成套设备采用分期付款方式的是( )。

　　A. 属于全部利用外资的一种方式

B. 属于部分利用外资的一种方式

C. 不属于利用外资的方式

五、多项选择题

1. 在国际贸易中,常用于中间商转售货物交易的信用证是( )。

    A. 对背信用证　　　　　　　　B. 对开信用证

    C. 可撤销信用证　　　　　　　D. 可转让信用证

    E. 循环信用证

2. 国际贸易中采用保付代理方式收取货款,对出口人的好处有( )。

    A. 保理商负责进口人资信调查　B. 出口商承担信贷风险

    C. 保理商承担信贷风险　　　　D. 保理商向出口人提供资金融通

3. 下列情况中,可能使开证行有权拒付票款的是( )。

    A. 单据内容与信用证条款不符　B. 实际货物未装运

    C. 单据与货物有出入　　　　　D. 单据与单据之间不符

    E. 单据内容与合同条款不符

4. 本票与汇票的区别在于( )。

    A. 前者是无条件的支付承诺,后者是无条件的支付命令

    B. 前者的当事人为两个,后者则有三个

    C. 前者在使用过程中有承兑,后者则无须承兑

    D. 前者的主债务人不会变化,后者则会因承兑而变化

    E. 汇票有即期与远期之分,本票则只有远期

5. 用于议付信用证项下结算的汇票可以是( )。

    A. 即期汇票　　B. 远期汇票　　C. 商业汇票

    D. 银行汇票　　E. 以上均可

6. 托收方式的当事人之间有委托代理关系的是( )。

    A. 委托人与付款人　　　　　　B. 委托人与托收银行

    C. 托收行与代收行　　　　　　D. 委托人与保兑行

    E. 以上均可

7. 托收结算方式的主要当事人是( )。

    A. REMITTING BANK　　　　　B. PRINCIPAL

    C. NEGOTIATING BANK　　　　D. COLLECTING BANK

    E. PAYER

六、简答题

1. 简述汇票的使用过程。

2. 远期汇票的付款时间主要有哪几种规定方法？

3. 比较汇票、本票和支票的不同之处。

4. 简述托收的程序及托收的特点。

5. D/P·T/R 与 D/A 两种托收方式有何异同？

6. 托收有哪些种类？其使用过程各如何？

7. D/P 与 D/A 有何区别？对交易双方有何利弊？

8. 采用托收时应注意哪些问题？

9. 信用证业务一般涉及哪些当事人？他们之间的关系是什么？

10. 信用证的内容是什么？常用的信用证有哪几种？

11. 简述信用证使用程序及信用证的特点。

12. 简述信用证与买卖合同的关系。

13. 分期付款与延期付款有何区别？

14. 备用信用证与跟单信用证的主要异同是什么？

15. 银行保函有哪几种？分别保证什么？

七、案例分析题

1. 我国某外贸企业与某国 A 商达成一项出口合同，付款条件为付款交单，见票后 60 天付款，当汇票及所附单据通过托收行寄抵进口地代收行后，A 商在汇票上履行了承兑手续，并出具信托收据向代收行借得单据，先行提货转售。汇票到期时，A 商因经营不善，失去偿付能力。代收行以汇票付款人拒付为由通知托收行，并建议我方径向 A 商索取货款。对此，你认为我方应如何处理？为什么？

2. 我国某公司向日本某商人以 D/P 见票即付方式推销某商品，对方答复，如我方接受 D/P 见票后 90 天付款，并通过其指定的 A 银行代收则可接受。试分析此日本商人提出此项要求的出发点。

3. 我国某进出口公司向泰国出口一批货物，价格条件 CFR 曼谷，总值 55 000 美元，装运期为 2016 年 3 月。客户开证后，我方由于种种原因未能按时装船，故在 3 月 30 日请求客户延展装运期，两天后客户来电同意将装运期展至

4月30日。自4月10日起,我方一边装船一边等银行的展证通知。问我方这样做是否妥当?为什么?

4. 我方按 CIF 大阪向日本出口一批货物,4月20日由日本东京银行开来不可撤销即期跟单信用证,金额为 50 000 美元,装船期为5月份,证中规定偿付行为纽约花旗银行,我方中行收到证后于4月22日通知出口公司。4月底,公司获悉进口方因资金问题濒临破产。问在此情况下,我方应如何处理?说明理由。

5. 我国某出口公司按 CIF 条件,凭不可撤销的议付信用证支付方式向某外商出售货物一批。该外商按合同规定开来的信用证经我方审核无误。我方在信用证规定的装运期内将货物在装运港装上开往目的港的海轮,并在装运前向保险公司办理了货物运输保险。但装船完毕后不久,海轮起火爆炸沉没,该批货物全部灭失。外商闻讯后来电表示拒绝付款。你认为,我方应如何处理?根据《INCOTERMS 2020》和《UCP 600》说明理由。

6. 我国某公司收到国外开来的不可撤销信用证,由设在我国境内的某外资银行通知并加保兑。中方在货物装运后,正拟将有关单据交银行议付时,忽接该外资银行通知,由于开证行宣布破产,该行不承担对该信用证的议付或付款责任,但可接受我方出口公司委托向买方直接收取货款的业务。对此,你认为我方应如何处理?

7. 某公司按 CFR 旧金山出口一批货物,合同原定海运,后因此美国商人急需,要求改为空运。经商定差额运费由买方承担,国外来证注明"Additional charges between sea and air freight are to be borne by the buyers outside of his credit"。我方发货后按 CFR 旧金山价加空运运费减海运运费制作发票向银行议付,但单据寄到开证行时被拒付。请问这是为什么?

8. 日本某银行应当地客户的要求开立了一份不可撤销自由议付信用证,出口地为上海,信用证规定的单证相符后,议付行可向日本银行的纽约分行索汇,5 天后议付行收回款项。第二天开证行来电提出单据有不符之处,要求退款。议付行经核实,确定本行失误,该不符之处成立,但又从受益人得知开证人已通过其他途径(未用提单)将货取走,且受益人现持有该批货物通关的证明。试问,议付行是否可以以受益人提交的有关证据回复开证行,拒绝退款? 为什么?

9. 我国某公司对南非出口一批化工产品 2 000 公吨,采用信用证支付方式。国外来证规定:"禁止分批装运,允许转运。"该证还注明:按《UCP 600》办理。现已知:装期临近,已订妥一艘驶往南非的"黄石"号货轮,该船先停靠新港,后停靠青岛。但此时,该批化工产品在新港和青岛各有 1 000 公吨尚未集中在一起。如你是这笔业务的经办人,最好选择哪种处理方法? 为什么?

10. 我国 A 公司向加拿大 B 公司以 CIF 术语出口一批货物,合同规定 4 月 10 日开来不可撤销信用证。此证按《UCP 600》规定办理。证内规定:装运期不得晚于 4 月 15 日。此时我方已来不及办理租船订舱,立即要求 B 公司将装期延至 5 月 15 日。随后 B 公司来电称:同意展延船期,有效期也顺延一个月。我方 A 公司于 5 月 10 日装船,提单签发日 5 月 10 日,并于 5 月 14 日将全套符合信用证规定的单据交银行办理议付。试问:我国 A 公司能否顺利结汇? 为什么?

11. 我国某公司向外国某商行进口一批货物。合同规定,货物分两批装运,支付方式为不可撤销即期议付信用证。我方按时开出了有关的信用证,证中规定:货物分两批装运,受益人分两次支款。第一批货物装运后,卖方在有效期内向银行交单议付,议付行审核单据后,即向该商行议付货款,随后中国银行对议付行作了偿付。我方在收到第一批货物后,发现货物品质与合同不符,因此要求开证行对第二批货物的单据拒绝付款,但遭到开证行拒绝。你认为开证行这样做是否有理?

12. 我国某公司与某外商签订某商品出口合同,合同规定装运期为 10 月份,即期信用证付款,但未规定具体开证日期。该外商拖延开证,我方见装运期快到,9 月底开始,连续多次催外商开证。10 月 15 日,收到信用证的简电通知,我方因怕耽误装运期,即按简电将货物装运出口。10 月 28 日,我方才收到信用证证实书,该证实书对有关单据做了与合同不符的规定。经办人员审证时未予注意,交银行议付时,被银行发现。由于该证有效期已到,只得凭担保请银行办理议付手续。最终被开证行以单证不符为由拒绝付款,遭受损失。你认为,我方应从此事件中吸取哪些教训?

13. 某国外贸公司向国外出口一批货物,采用信用证支付货款,买方按时开来信用证,证内规定:"Shipment:not latter than 31 may 2016. Expiration date:15 June 2016。"该证还规定:"This credit is subject to《UCP 600》。"该外贸公司于 5 月 10 日将全部货物装船,提单签发日为 5 月 10 日,当受益人于 6 月 8 日将符合信用证规定的各项单据向议付行交单议付时,却遭到议付行的拒绝。问银行是否有权拒付,为什么?

14. 从国外开来的某信用证,规定"于或约于 2016 年 5 月 15 日装船"(Shipment to be effected on or about 15th May,2016),受益人(出口人)于 5

8日装船,并向银行提交了一份5月8日签发的提单,但遭到银行拒收单据和拒绝付款。试问在上述情况下,银行有无拒收单据和拒付货款的权利?为什么?

15. 从国外开来的某信用证,证内规定"装运期于5月20日前装船"(Shipment to be effected on or before 20th May),而出口人向银行所提交的单据中,提单(Bill of Lading)的签发日期为5月15日,保险单的签发日期为5月16日,遭到银行拒收单据和拒绝付款。试问,在上述情况下,银行有无拒收单据和拒绝付款的权利?为什么?

16. 假设某出口公司收到一张外国来证,证内规定,交单满期日为某年7月29日,受益人已备好全套单据,拟于7月29日上午向银行交单议付,但7月28日此地发生大地震,银行在7月29日无法营业。试问该信用证的受益人能否以"不可抗力"为由,要求银行在下一个营业日议付?为什么?

17. 内地某出口公司与某港商成交一批货物,价值为 HK＄38 670,允许分批装运。香港某银行按上述金额开来信用证。该出口公司第一次装运货物价值为 HK＄20 780,议付后信用证金额尚余 HK＄17 890。第二批货物装运后,提交议付单据的金额为 HK＄17 980,超出信用证金额 HK＄90。请问,议付时有无问题?有何解决办法?

18. 我国某出口公司与澳大利亚某商人成交一批出口货物,合同约定,买方申请开立由买方承担贴现息和有关费用,由开证行或其他银行负责贴现的远期信用证。但来证中规定:"Discount charges for payment at 60 days are borne

by the buyers and payable at maturity in the scope of this credit."请问该信用证是否为假远期信用证？我方能否接受？

19. 我国某公司与加拿大某商人在 2016 年 1 月份，按 CIF 条件签订了一出口 10 万码法兰绒合同，支付方式为不可撤销即期 L/C。此加拿大商人于 3 月通过银行开来信用证，经审核与合同相符，其中保险金额为发票金额加成 10%。我方正准备发货，此商人又通过银行转给我方一份 L/C 修改书，内容将保险金额改为按发票金额加成 20%，我方没有理睬，仍按原证规定投保、发货，并于信用证有效期内装运完货物，向议付行交单议付，议付行议付后将全套单据寄开证行，开证行以保险单与信用证修改书不符为由拒付。请问开证行拒付是否有理？为什么？

20. 我国某外贸公司向科威特 K 公司出口冻羊肉 50 公吨，每公吨 CIF 价 2 000 美元。合同规定数量可增减 10%。买方按时开来信用证，证内规定：数量约(about)50 公吨，总金额 100 000 美元。我方发货时，按信用证和合同规定，实际装运 55 公吨，缮制的商业发票表明：数量 55 公吨，总金额 110 000 美元。当我方凭单办理议付时，遭到银行拒付。试问：按《UCP 600》规定，银行是否有权拒付？请说明理由。

21. 我国 A 公司向英国 B 公司出口茶叶 600 公吨，合同规定，4 至 6 月份分批装运。B 公司按时开来信用证。证内规定："Shipment during April/June, April shipment 100 M/T, May shipment 200 M/T, June shipment 300 M/T。" A 公司实际出运情况是：4 月份装出 100 M/T，并顺利结汇。5 月份因故未能装出，6 月份装运 500 M/T。试问：我方 6 月份出运后能否顺利结汇？为什么？

22. 我国某公司向非洲某客户出口某商品共 12 000 箱,合同规定 1 至 6 月份,每月等量装运,凭不可撤销信用证付款。客户按时开来信用证,证上总金额和总数量均与合同规定相符,但装运条款规定:"最迟装运期 6 月 30 日,分数批装运。"我方公司 1 月份装出 2 000 箱,2 月份装出 4 000 箱,3 月份装出 6 000 箱,客户发现后向我方提出异议,你认为我方的做法是否可行?并说明理由。

23. 甲公司向丁国 A 公司买进生产灯泡的生产线。合同规定分两次交货,分批开证,买方(甲公司)应于货到目的港后 60 天内复验,若与合同规定不符,甲公司可凭所在国的商检证书向 A 公司索赔。甲公司按合同规定向银行申请开出首批货物的信用证。A 公司履行装船并凭合格单据向议付行议付,开证行也在单证相符的情况下对议付行做了偿付。第一批货物尚未到达目的港前,第二批货物的开证日期临近,甲公司又向银行申请开出信用证。此时,首批货物抵达目的港,经检验发现货物与合同规定的严重不符,甲公司当即通知开证行拒付。然而,开证行在收到议付行寄来的第二批货物的单据后,审核无误,再次偿付议付行。当开证行要求甲公司付款赎单时,甲公司拒绝付款赎单。试分析此案中:

(1)开证行的处理是否合理?为什么?

(2)甲公司的处理是否合理?为什么?

(3)甲公司应如何处理此事?

24. 我国某公司向英国某公司出口一批货物,计 300 公吨,合同规定 2016 年 4 月至 9 月份每月平均交货 50 公吨,即期信用证支付。来证规定货物装运前由出口口岸商品检验检疫机构出具船边测温证书作为议付不可缺乏的单据之一。4—6 月份交货正常,并顺利结汇,7 月份因船期延误,拖延至 8 月 5 日才实际装运出口,海运提单倒签为 7 月 31 日,但送银行议付的商检测温证书的日期为 8 月 5 日。8 月 7 日,出口人在同船又装运 50 公吨,开证行收到单据后,来电表示对这两批货物拒付货款。你认为,开证行能否拒付?在此案例中,我方有何失误?

第六章 争议的预防和处理

一、名词解释
1. 法定检验检疫
2. 争议
3. 索赔与理赔
4. 不可抗力
5. 根本性违反合同
6. 仲裁
7. 仲裁协议

二、填空题
1. 我国关于进出口商品检验的标准,凡合同或信用证有明确规定的,按_____;凡合同无明确规定的,首先采用_____;无此标准的,采用_____;这两项标准都没有时,则采用_____。
2. 贸易合同中的检验条款主要包括:(1)_____;(2)_____;(3)_____;(4)_____;(5)_____。
3. 贸易合同中的索赔条款有两种规定方法:(1)_____;(2)_____。
4. 买卖合同中的不可抗力条款有三种规定方式:(1)_____;(2)_____;(3)_____。
5. 我国选择仲裁地点的做法是:第一选择_____;第二选择_____;第三选择_____。
6. 为解决仲裁裁决的相互承认,我国在_____年参加了《_____公约》,该公约简称_____。
7. 买方对商品的复验期也是_____期。
8. 《联合国国际货物销售合同公约》把违约分为_____和_____;而英国买卖法把违约分为_____和_____。
9. 解决国际贸易争议的方式主要有:_____、_____、_____和_____。

三、判断题
( )1. 在国际贸易中,对所有的进出口货物都必须进行检验并出具证书。
( )2. 法定检验和鉴定业务都具有强制性。
( )3. 合同中的复验期就是合同中明示担保的索赔期。

(　　)4. 我国《商检法》规定,凡未经检验的进口商品,不准销售使用;凡经检验未合格的出口商品,不准出口。

(　　)5. 同一个合同中,只要规定了异议和索赔条款,就不能再规定罚金条款。

(　　)6. 我方与美国某商人签约进口某化工产品,在约定交货期前,此美国商人生产上述产品的工厂之一因爆炸被毁,该商人援引不可抗力条款,要求免除交货责任。对此,我方应予同意。

(　　)7. 根据各国法律,任何一种意外事故都算作人力不可抗拒事故。

(　　)8. 双方当事人在争议发生后达成的仲裁协议是无效的。

(　　)9. 在我国的对外贸易中,不论仲裁地点选在何国,一般都采用中国的仲裁规则。

(　　)10. 一方对仲裁裁决不服,可向法院提请诉讼,要求重新处理。

(　　)11. 我国迄今尚未参加联合国《1958年承认和执行外国仲裁裁决公约》,故我国不受该公约约束。

(　　)12. 买卖双方为解决争议而提请仲裁时,必须向仲裁机构递交仲裁协议,否则,仲裁机构不予受理。

(　　)13. 申请国际仲裁的双方当事人应有仲裁协议;而向法院起诉,一方可以起诉,无须事先征得双方的同意。

(　　)14. 仲裁裁决是终局的,对双方当事人均有约束力,因而若任何一方当事人拒不执行仲裁裁决,另一方当事人可向仲裁机构申请强制执行。

(　　)15. 仲裁协议可由买卖双方在争议发生之前达成,也可在争议发生之后达成,但买卖双方最好在买卖合同中订立仲裁条款。

(　　)16. 国际贸易中,如果发生不可抗力事件,直接的法律后果不一定是解除合同。

(　　)17. 根据《联合国国际货物销售合同公约》规定,买卖双方的一方如根本违反合同,另一方只能索赔,不能宣告合同无效。

(　　)18. 凡是由于自然原因和/或社会原因所造成的意外事故均属不可抗力事件。

(　　)19. 我方与外商签订一进口合同,不久该商品价格猛涨,外商援引不可抗力条款要求解除合同,我方只好同意。

(　　)20. 在进出口业务中,进口人收到货物后,发现货物与合同不符,在任何时候都可以向供货方索赔。

(   )21. 由于国际贸易中大多采用装运港交货的条件,因此,在合同中规定检验地点时应规定以"离岸品质,离岸重量"为准。

(   )22. 根据《联合国国际货物销售合同公约》规定,一方当事人违反合同,但未构成根本性违约,受损害方可宣告合同无效,不可索赔。

(   )23. 不可抗力事故发生后,遭受事故一方均可免除履行合同的义务,对方不能因此提出索赔。

(   )24. 不可抗力条款是卖方的免责条款。

(   )25. 援引不可抗力条款的法律后果是撤销合同或推迟合同的履行。

四、单项选择题

1. 在买卖合同的检验条款中,关于检验时间与地点的规定,使用最多的是(   )。
   A. 在出口国检验 B. 在进口国检验
   C. 在出口国检验,在进口国复验

2. 对我国进出口商品实施法定检验的机构是(   )。
   A. 中华人民共和国出入境商品检验检疫局及其分支机构
   B. 中国进出口商品检验总公司及分公司
   C. 各有关单位自设的检验机构

3. 根据英国法律,一方当事人违反要件,另一方当事人可以要求(   )。
   A. 损害赔偿,但不能撤销合同 B. 撤销合同,并损害赔偿
   C. 赔偿货物损失、利息及预期利润

4. 美国法律把违约分为(   )。
   A. 根本性违约与非根本性违约 B. 重大违约与轻微违约
   C. 严重违约与一般违约

5. 不可抗力条款(   )。
   A. 只对买方适用 B. 只对卖方适用
   C. 对买卖双方均适用

6. 发生不可抗力的法律后果是(   )。
   A. 立即解除合同 B. 可以延期履行合同
   C. 解除合同或延期履行合同

7. 某公司某年10月与外商签订一份农产品出口合同,交货期为当年10~12月。签约后派人去产区收货,但由于该年7~8月,产区遭受旱灾,产品无收,出口人能否以不可抗力为由撤销合同(   )。

A. 能够撤销合同 　　　　　　　B. 不能撤销合同

C. 需对灾情进行调查,根据情况决定

8. 当采用仲裁方式解决贸易争端时,则(　　)。

　　A. 无需任何文件,只要一方向仲裁机构提出申请即可

　　B. 必须在合同内订有仲裁条款或事后订有仲裁协议

　　C. 不仅必须在合同中订有仲裁条款,发生争端时还必须双方协商一致

9. 贸易争端经仲裁机构作出的裁决(　　)。

　　A. 具有法律约束力 　　　　　　B. 没有法律约束力

　　C. 败诉方同意,则有约束力;否则,无约束力

10. 下列有关仲裁协议作用的表述中,不正确的表述是(　　)。

　　A. 约束当事人以仲裁方式解决争议,不向法院起诉

　　B. 排除了当事人以协商和调节方式解决争议的可能

　　C. 排除了法院对有争议案的管辖权

　　D. 使仲裁机构取得对争议案的管辖权

11. 构成不可抗力事故需要具备一定的条件,下列各项中,不是不可抗力事故的条件的是(　　)。

　　A. 事故必须是在合同之后发生的

　　B. 事故是当事人无法预见、无法预防的

　　C. 该事故的发生导致了标的物的灭失

　　D. 该事故不是当事人的过失所造成的

12. 我方与外商按 CIF 条件成交某商品 1 000 打,允许卖方有 5% 溢短装幅度,我方实际装 1 000 打(提单也载明 1 000 打),货抵目的港后,买方即来函反映仅收到 948 打,并已取得船公司短少证明,故向我方索赔,我方正确的答复是(　　)。

　　A. 同意补装 52 打 　　　　　　B. 同意退 52 打货款

　　C. 请与船公司和保险公司或其代理联系

13. 1992 年某外商向我国某进出口公司订购衬衫,并达成价值 36 万美元的合同,由于合同中计价和结算货币(美元)到 1993 年已升值 30%,使其损失达 10 万美元。按照合同规定的交货期是 1993 年 7 月 31 日以前。在临近交货期时,如果我公司推迟几天交货,则(　　)。

　　A. 对方客户就可以拒收货物 　　B. 对方客户不可以拒收货物

　　C. 对方会来电索赔

五、多项选择题

1. 在国际贸易中,商检证书的主要作用有(　　)。
   A. 作为银行议付货款的单据之一　　B. 作为处理争议和索赔的依据
   C. 作为仲裁机构受理案件的依据
   D. 作为海关验关和征税的凭证
2. 在国际贸易中,索赔通常有(　　)几种情况。
   A. 买卖双方之间的索赔　　　　　　B. 向承运人的索赔
   C. 向保险公司的索赔　　　　　　　D. 向银行的索赔
3. 国际货物买卖合同中规定的预防和处理争议的办法通常涉及合同中的(　　)条款。
   A. 商品检验检疫条款　　　　　　　B. 索赔条款
   C. 仲裁条款　　　　　　　　　　　D. 不可抗力条款
4. 在国际货物买卖合同中,关于仲裁地点的规定通常有(　　)几种情况。
   A. 在我国仲裁　　　　　　　　　　B. 在被告国仲裁
   C. 在双方同意的第三国仲裁　　　　D. 可以在任何国家仲裁
5. 仲裁协议的作用有(　　)。
   A. 约束双方当事人只能以仲裁方式解决争议,不得向法院起诉
   B. 排除法院对有关争议案件的管辖权
   C. 仲裁机构取得对争议案件的管辖权

六、简答题

1. 法定检验检疫的商品范围是什么?
2. 在国际货物买卖合同中,关于商品检验检疫的时间和地点是怎样规定的?
3. 国家出入境商检检疫机构的职责主要有哪几项?
4. 我国商检证书的主要作用有哪些?
5. 我国出入境检验检疫的程序有哪几个环节?
6. 交易双方引起争议的原因有哪几方面?
7. 在国际货物买卖中,各国法律对违约行为的划分与违约责任的规定有何不同?
8. 规定索赔期限时,索赔期限的起算有哪几种规定方法?
9. 何谓仲裁协议?有几种形式?其作用如何?
10. 不可抗力是由哪些因素引起的?
11. 要构成不可抗力事件,应具备哪些条件?
12. 仲裁与诉讼相比有哪些优点?

七、案例分析题

1. 我国 A 公司以 CIF 东京条件向日本 B 公司出口一批货物，B 公司又将该货转卖给新加坡 C 公司。货到东京后，B 公司发现货物的质量有问题，但 B 公司仍将该货装上另一轮船运往新加坡。后 B 公司凭新加坡商检机构签发的检验证书，在合同的索赔期限内向 A 公司提出退货要求。问 A 公司应如何处理？为什么？

2. 我国某科研单位与日本某商人签订合同，购买一台精密仪器，合同规定 9 月份交货，但 9 月上半月未能交货，日本政府在 9 月 15 日宣布这种仪器属于高科技产品，自 10 月 1 日起将禁止出口。后来此日本商人以不可抗力为由要求解除合同。问我方是否同意？为什么？

3. 我国 A 公司以 CIF 东京条件向日本 B 公司出口一批货物，订约时，我国 A 公司已经知道该批货物要转销新加坡，货到东京后，立即被转往新加坡，其后 B 公司凭新加坡商检机构签发的检验证书，向我方提出索赔，我方应如何处理？为什么？

4. 我国某出口公司与美国某商人凭样成交一批高档瓷器，复验期为货到目的港后 60 天，货到国外经该美国商人复验后未提出任何疑义，但事隔一年，此美国商人来电称，瓷器全部出现"釉裂"，只能削价销售。因此，要求我方按原成交价赔偿 60%。我方接电后，立即查看留存的复样，亦发现存在"釉裂"，问我方应如何处理？为什么？

5. 我国某公司出口货物 3 000 公吨，采用信用证方式支付，2、3、4 月平均装运。出口公司 2、3 月已如期装运，并收回货款。4 月份原定 4 月 20 日装出，但由于台风登陆,延迟到5月5日才装船出运。当受益人凭5月5日的提单向银行议付时,遭银行拒付。上述情况下,银行有无拒付的权利?为什么?我出口公司可否以不可抗力为由要求银行付款?为什么?

6.某年10月,我国外贸公司与某外商签订一份出口农产品的合同,交货期为当年12月。由于同年7、8月份产区遭受水灾,产品无收。出口方不能依约交货,于是以遭受不可抗力为由,向对方提出解除合同的要求。试问:该项要求是否成立?为什么?

7.某国某公司以CIF鹿特丹出口食品1 000箱,即期信用证付款,货物装运后,凭已装船清洁提单和已投保一切险及战争险的保险单向银行收托货款,货到目的港后经进口人复验发现下列情况:

(1)该批货物共10个批号,抽查20箱,发现其中2个批号涉及200箱内含沙门氏细菌超过进口国的标准;

(2)收货人只实收998箱,短少2箱。

(3)有15箱货物外表情况良好,但箱内货物共短少60公斤。

试分析以上情况,进口人应分别向谁索赔,并说明理由。

8.我方向某国出口一批冷冻食品,到货后买方在合同规定的索赔有效期内向我方提出品质索赔,索赔额达数十万元人民币(约占合同金额的半数以上)。买方附来的证件有:

(1)法定商品检验证,注明该项商品有变质现象(表面呈乌黑色),但未注明货物的详细批号,也未注明变质货物的数量或比例;

(2)官方化验机构根据当地某食品零售商店送验的食品而做出的变质证明书。我方未经详细研究就函复对方,既未承认也未否认品质变质问题,只是含糊其辞地要求对方减少索赔金额,但对方不应允,双方函电往来一年没有结果,对方遂派代表来京当面交涉,并称如果得不到解决,将提交仲裁。

试问双方各有什么漏洞？我方应如何本着实事求是的精神和公平合理的原则来处理此案？（注：此批冷冻食品中，我方误装了一小部分乌皮鸡，价值千余元）

9. 我国某出口企业以 CIF 纽约条件与美国某公司订立了 200 套家具的出口合同。合同规定 2015 年 12 月交货。11 月底，我方企业出口商品仓库发生雷击火灾，致使一半左右的出口家具烧毁。我方企业以发生不可抗力事故为由，要求免除交货责任，美方不同意，坚持要求我方按时交货。我方经多方努力，无奈于 2016 年 1 月初交货，美方要求索赔。试问：

(1) 我方要求免除交货责任的要求是否合理？为什么？
(2) 美方的索赔要求是否合理？为什么？

10. 我国某公司与某外商订立一项出口合同，在合同中明确规定，一旦在履约过程中发生争议，即将争议提交中国国际经济贸易仲裁委员会，在中国进行仲裁。后来，双方对商品的品质发生争议，对方在其所在地法院起诉我方，法院也发来了传票，传我公司出庭应诉。对此，我方应该如何处理？为什么？

11. 中国某公司与欧洲某进口商签订了一份皮具合同，价格条件为 CIF 鹿特丹，向中国人民保险公司投保一切险。货物到达鹿特丹后，检验结果表明：全部货物湿、霉、玷污、变色，损失价值达 10 万美元。据分析，货损的主要原因是由于生产厂家在生产的最后一道工序中，未能将皮具的湿度降低到合理程度。试问：

(1) 保险公司对该批货损是否负责赔偿？
(2) 进口商对受损货物是否支付货款？
(3) 出口商应如何处理此事？

第七章 出口交易磋商与合同订立

一、名词解释
1. 发盘
2. 邀请发盘
3. 还盘
4. 询盘
5. 接受
6. 交易磋商
7. 发盘的撤销
8. 发盘的撤回
9. 一般交易条件

二、填空题
1. 交易洽商的形式分为_____和_____两种,洽商的一般程序分为_____、_____、_____、_____四个环节,其中_____和_____是不可缺少的两个环节。
2. 贸易合同的书面形式分为_____和_____两种,其基本内容分为_____、_____和_____三部分。
3. 按《联合国国际货物销售合同公约》规定:"有关货物_____,_____,和数量,_____与时间,_____或解决争端等的添加或不同条件,均视为实质上变更发盘的条件。
4. 签订书面合同的意义在:(1)_____;(2)_____;(3)_____。
5. 在贸易中发盘的失效一般有_____、_____、_____、_____、_____等几种情况。

三、判断题
(　)1. 每笔交易都必须有询盘、发盘、还盘和接受四个环节。
(　)2. 发盘对发盘人是没有约束力的。
(　)3. 邀请发盘对发盘人是没有约束力的。
(　)4. 发盘必须明确规定有效期,未明确规定有效期的发盘无效。
(　)5. 我国向国外寄送的形式发票属邀请发盘的一种形式。
(　)6. 不可撤销的发盘是不能撤回的。
(　)7. 发盘的撤回通知的目的是阻止发盘生效。
(　)8. 凡是逾期送达要约人的承诺,只要要约人缄默,合同即告示成立。
(　)9. 在国际贸易中,发盘是卖方做出的行为,询盘是买方做出的行为。

（　）10.《联合国国际货物销售合同公约》规定,口头合同与书面合同具有同等法律地位。

（　）11.《联合国国际货物销售合同公约》规定,发盘于投邮时生效。

（　）12.根据《联合国国际货物销售合同公约》,只要在发盘中规定货物并明示或暗示其数量和价格,就是内容"十分肯定"。

（　）13.还盘可视为一项新的发盘。

（　）14.《联合国国际货物销售合同公约》规定,口头发盘必须立即接受。

（　）15.根据《联合国国际货物销售合同公约》的规定,受盘人可在发盘有效期内用开立信用证这一行动表示接受。

（　）16.交叉发盘,即使双方所提出的品名、品质、数量、包装、价格、交货期、支付等均相同,未经另一方有效接受,合同也不能成立。

（　）17.接受通知送达发盘人时已超过发盘规定的有效期,如发盘人立即予以确认,合同仍可成立。

（　）18.接受一旦生效,就不能撤销。

（　）19.接受应在有效期内做出,任何情况下的逾期接受都是无效的。

（　）20.按《联合国国际货物销售合同公约》规定,一项发盘发出后可以撤回,其条件是:发盘人的撤回通知,必须在受盘人发出接受通知前送达受盘人。

（　）21.根据《联合国国际货物销售合同公约》,受盘人在对发盘表示接受的同时,对发盘的内容作了任何添加或变更,均是对发盘的拒绝,并构成还盘。

（　）22.还盘在形式上不同于拒绝,但还盘和拒绝都可导致原发盘失效。

四、单项选择题

1. 我国某进出口公司于2015年4月15日用特快专递向美国ABC公司发盘,限2015年4月29日复到有效。4月25日下午3时同时收到ABC公司的表示接受的特快专递和撤回接受的电传。根据《联合国国际货物销售合同公约》,对此项接受,(　　)。

   A.可以撤回　　　　B.不得撤回,合同成立

   C.在我方同意的情况下,可以撤回

2. 在交易磋商中,有条件的接受是(　　)。

   A.接受的一种形式　　B.还盘的一种形式　　C.递盘的一种形式

3. 卖方还盘限15日前复到有效,14日下午收到买方复电要求修改交货期,正准备答复时,次日上午又收到买方来电接受发盘,(　　)。

A. 此时，已按卖方发盘条件达成合同

B. 此时，合同尚未达成

C. 此时，已按买方个性条件达成合同

4. 按《联合国国际货物销售合同公约》规定，一项发盘（　　）。

　　A. 必须表明各项交易条件

　　B. 必须表明主要交易条件

　　C. 只须表明货物名称、数量和单价

5. 按《联合国国际货物销售合同公约》规定，一项发盘的生效是（　　）。

　　A. 发盘发出时立即生效

　　B. 发盘送达到受盘人时生效

　　C. 按发盘规定的时间生效

6. 甲向乙发盘："可供贵厂一年生产所需的全部铁矿石，价格按交货时伦敦五金交易所价格计算。"根据《联合国国际货物销售合同公约》规定，这是一项（　　）。

　　A. 询盘　　　　　　B. 邀请发盘　　　　　　C. 有效发盘

7. 合同与确认书的区别是（　　）。

　　A. 法律效力不同　　B. 适用范围不同　　C. 内容繁简不同

8. 我国某出口公司于2015年7月14日向某外商发盘，注明8—9月份装运，17日复到有效，16日接对方来电称："14日电接受，希望努力在8月份装船。"于是，（　　）。

　　A. 这笔交易达成

　　B. 需经出口公司确认后交易才能达成

　　C. 这笔交易不能达成

9. 按照《联合国国际货物销售合同公约》的规定，一项发盘在尚未送达受盘人之前，是可以阻止其生效的，这叫对发盘的（　　）。

　　A. 撤销　　　　　　B. 撤回

五、多项选择题

1. 磋商交易的一般程序包括以下环节，分别为（　　）。

　　A. 询盘　　　　B. 发盘　　　　C. 还盘

　　D. 接受　　　　E. 签约

2. 构成有效发盘的条件之一是发盘的内容必须十分确定，按照《联合国国际货物销售合同公约》的规定，在发盘中至少应规定：（　　）。

　　A. 货物名称　　B. 货物价格　　C. 交易数量　　D. 支付方式

3. 书面合同不论采取何种格式,其基本内容通常包括:(   )。
   A. 约首部分　　　　　　　B. 本文部分
   C. 约尾部分　　　　　　　D. 合同适用的法律
4. 发盘效力终止的原因有:(   )。
   A. 过期　　　　　　　　　B. 被依法撤销
   C. 被拒绝或还盘　　　　　D. 遇到了不可抗力
5. 一方对另一方的发盘表示接受,可以采取的方式有:(   )。
   A. 书面　　　B. 行为　　　C. 口头　　　D. 缄默或不行动
6. 构成一项有效的接受必须具备下列条件:(   )。
   A. 接受必须由特定的受盘人做出
   B. 接受必须是同意发盘所提出的条件
   C. 接受必须在发盘规定的时效内送达发盘人
   D. 接受必须表示出来
7. 根据《联合国国际货物销售合同公约》的规定,能构成一项有效的发盘的条件是(   )。
   A. 向一个或一个以上特定的人提出
   B. 表明发盘人在得到接受时承受约束的意旨
   C. 发盘的内容必须十分确定
   D. 发盘中必须明确规定有效期
   E. 必须传达到受盘人
8. 一项发盘规定"发盘有效10天",根据《联合国国际货物销售合同公约》,则(   )。
   A. 如采用电报发盘,有效期从电报交发时刻起算
   B. 如采用信件发盘,有效期从信上载明的发信日期起算
   C. 如采用电传发盘,有效期从发盘到达受盘人时起算
   D. 如采用电报发盘,有效期从发盘到达受盘人时起算
   E. 如采用信件发盘,信上又未载明发信日期,有效期从信封上所载日期起算

六、简答题

1. 出口交易开始前的准备工作包括哪些内容?
2. 对国外市场进行调查研究的主要内容包括哪些?
3. 对国外客户进行调查了解的主要内容包括哪些?了解的途径有哪些?
4. 出口商品经营方案的主要内容有哪些?

5. 何谓发盘的有效期？没有具体规定有效期的发盘可否为受盘人接受而成立合同？为什么？

6. 交易磋商的内容，一般包括哪些方面？

7. 何种情况下会出现发盘的条件表面上不完整而实际上是完整的？

8. 一项有效的发盘应具备哪些条件？

9. 何谓发盘的撤回和发盘的撤销？发盘发出后，如发生意外情况或发现内容有误，能否撤回或撤销发盘？

10. 一项发盘在什么情况下失效？

11. 还盘的性质如何？

12. 一项有效接受应具备哪些条件？

13. 何谓逾期接受，逾期接受的法律效力如何？

14. 一项合同应具备哪些条件才算有效成立？

15. 在我国的进出口业务中，通常采用的书面合同有哪些形式？一般包括哪些内容？

16. 2016年9月1日，我国某公司收到国外某客户有关公文包的询盘，9月2日，我方报价如下：

RYC1 OFFER ATTACHE CASES NO103 2 000 PCS 5PCS PER CARTON USD 30/PC CIF NEW YORK SHIPMENT OCT SIGHT L/C CABLE BEFORE SEPT 10TH REPLY HERE

请根据《联合国国际货物销售合同公约》的有关规定，回答下列问题：

(1) 若发现报盘有误，能否在9月3日撤销该发盘？

(2) 若对方的接受通知于9月5日到达我方，接受是否有效？

(3) 若我方同时收到对方的接受通知和撤回通知，应以哪一个为准？

(4) 若对方9月12日发出接受通知，该接受是否还有效力？取决于何方？

七、案例分析题

1. 我国某公司于10月2日向美国某商人发盘，以每打84.50美元CIF纽约的价格，提供全棉男衬衫500打，限10月15日复到有效。10月10日，收到对方回电称价格太高，若每打80美元可接受。10月13日又收到对方来电："接受你10月2日发盘，信用证已开出。"但我方由于市价上涨未作回答，也没有发货，后美商认为我方违约，要求赔偿损失。问我方应否赔偿？为什么？

2. 我国某公司与某外商洽谈进口交易一宗,经往来电传磋商,就合同的主要条件全部达成协议,并规定合同的争议适用中国法律原则,但在最后一次我方所发的表示接受的电传中列有"以签订书面合同为准"。事后,对方拟就合同草稿要求我方确认,但由于对某些条款的措辞尚待进一步研究,故我方未及时给予答复。不久,该商品的国际市场价格下跌,外商催我方开立信用证,我方以合同尚未签订为由拒绝开证,双方发生争议。问我方拒绝开证是否可以? 为什么?

3. 一法国商人于某日上午与我国某公司就购买某商品进行口头磋商,我方所报价格为每箱 150 美元 CIF 马赛,法商对此未置可否。当日下午再次磋商时,法商表示愿意接受上午的条件,而此时,我方获悉该商品的国际市场价格开始上升。对此,我方应如何处理? 为什么?

4. 我国某工艺品出口公司与某外商洽商一笔玉雕交易,经过双方对交易条件往返磋商之后,已就价格、数量、交货期等达成协议,我方公司于是致电对方:"确认售予你方玉雕一件,请先电汇一万美元。"对方于第二天复电:"确认你方电报,我购玉雕一件,条件按你方电报规定,已汇交你方银行一万美元,该款在交货前由银行代你方保管。"请问这笔交易是否已经达成? 为什么?

5. 我国某出口公司向美国纽约 ABC 公司用特快专递作出一项发盘,规定有效期 7 天,特快专递发出后 3 小时,公司业务员发现发盘价格有错,比内部掌握价格低 20%,如该发盘为美商所接受,将造成 5 万美元的损失。试问:在此情况下,我方公司可采取什么补救措施? 为什么?

6. 我国甲公司向国外乙公司发盘出售一批大宗商品,对方在发盘有效期内复电表示接受,同时要求提供该国某商检机构签发的商检证书。第二天,我方收到该公司开来的信用证。因该商品的市场价格上涨了15%,且我方无法提供该商检机构的检验证书,我方立即回电表示拒绝,并将信用证退回。试根据《联合国国际货物销售合同公约》的规定,分析我方的做法是否合理。

7. A国某商人将从别国进口的初级产品转卖,向B国某商人发盘,该B国商人复电,接受发盘,同时要求提供产地证。两周后A国商人收到B国商人开来的信用证,正准备按信用证规定发运货物,获商检机构通知,因该货非本国产品,不能签发产地证。经电请对方取消信用证中提供产地证的条款,遭到拒绝,于是引起争议。A国商人提出,其对提供产地证的要求从未表示同意,依法无此义务,对方坚持A国商人有此义务(双方均为《联合国国际货物销售合同公约》的缔约国)。请根据《联合国国际货物销售合同公约》的规定,对此案作出裁决。

8. 我国某出口公司于4月15日向外商A发盘限20日复到我方(subject to reply reaching us, Apr. 20)。此外商于19日上午,向当地邮局交发关于接受我方发盘的电报。但该电报在传递中延误,到21日才到达我方。我方以对方答复逾期,不予置理,当时该货物的市价已上涨,我方遂以较高价格,于22日将货物售予外商B。25日外商A来电称:信用证已开出,要求我方尽早装运。我方立即复电外商A:"接受到达过晚,合同不成立。"而外商A认为,他们接受通知的晚到不是他们的过失,坚持合同成立。试按照《联合国国际货物销售合同公约》的规定,说明合同是否成立。

9. 我国C公司于2016年7月16日收到法国巴黎D公司发盘:"马口铁500公吨,每公吨545美元CFR中国口岸,8月份装运,即期信用证支付,限20日复到有效。"我方于17日复电:"若单价为500美元CFR中国口岸可接受500公吨马口铁,履约中如有争议,在中国仲裁。"法国 D 公司当日复电:"市场坚挺,价格不能减,仲裁条件可接受,速复。"此时马口铁价格确实趋涨。我方于 19 日复电:"接受你 16 日发盘,信用证已由中国银行开出,请确认。"但法商未确认并退回信用证,试问:

(1)合同是否成立?

(2)我方有无失误?说明理由。

10. 香港 A 商行于 10 月 20 日来电向上海 B 公司发盘出售木材一批,发盘中列明各项必要条件,但未规定有效期。B 公司于当天(20 日)收到来电,经研究后,于 22 日上午 11 时正向上海电报局交发对上述发盘表示接受的电报,该电报于 22 日下午 1 时正送达香港 A 商行。在此期间,因木材价格上涨,香港 A 商行于 22 日上午 9 时 15 分向香港电报局交发电报,其电文如下:"由于木材价格上涨,我 10 月 20 日电发盘撤销。"A 商行的电报于 22 日上午 11 时 20 分送达 B 公司。根据《联合国国际货物销售合同公约》,请回答:

(1)A 商行是否已成功地撤销了 10 月 20 日的发盘?为什么?

(2)A 商行与 B 公司之间是否已成立了合同?为什么?

11. 我国某出口公司于 2016 年 5 月 1 日向美国某外商报出某商品,在发盘中除列明各项交易条件外,还提出"PACKING IN SOUND BAGS"。在发盘有效期内外商复电称:"REFER TO YOUR TELEX FIRST ACCEPTANCE, PACKING IN NEW BAGS."我出口公司收到上述来电后,即着手备货。数日后,该产品国际市场价格猛跌,外商来电称:"我方对包装条件做了变更,你方未确认,合同并未成立。"而我方出口公司则坚持合同已经成立,于是双方对此发生争议。你认为此案应如何处理?简述理由。

12. 我方 A 公司向美国旧金山 B 公司发盘出售某商品 100 公吨,价格为每公吨 2 500 美元 CIF 旧金山,装运期为收到信用证后两个月内交货,凭不可撤销的信用证支付,限三天内答复。A 公司于第二天收到 B 公司回电称:"ACCEPANCE YOUR OFFER SHIPMENT IMMEDIATELY。"A 公司未做答复,又过了两天,B 公司由花旗银行开来即期信用证,证内注明"SHIPMENT IMMEDIATELY ",当时该商品国际市场价格上涨 20%,A 公司拒绝交货,并立即退回信用证。试分析 A 公司这样做有无道理,有何依据。

13. 我国某对外工程承包公司于某年 10 月 5 日,以电传请美国某供应商发盘出售钢材一批,我方在电传中声明,要求这一发盘是为了计算一项承造大楼的标价和确定是否参加投标之用。我方必须于 10 月 18 日向招标人递交投标书,招标人的开标日期为 10 月 31 日。美国供应商于 10 月 8 日向我方发盘,我方据以计算标价,并于 10 月 18 日向招标人递交投标书。由于国际市场价格上涨,10 月 22 日美国供应商来电要求撤销其 10 月 8 日的发盘,我方当即表示不同意撤盘。于是,双方为能否撤销发盘发生争执,及至 10 月 31 日招标人开标,我方中标,随即以电传通知美国供应商接受其 10 月 8 日发盘,但美国供应商坚持该发盘已于 10 月 22 日撤销,合同不能成立;而我方则坚持合同已经成立。对此,双方争执不下,于是提交仲裁。试分析此案应如何处理并说明理由。

14. 英国 A 商于 8 月 5 日向德国 B 商发出一项发盘,供售某商品一批,B 商于收到该发盘的次日(8 月 8 日)上午答复 A 商,表示完全同意发盘的内容。但 A 商在发出发盘后发现该商品行情趋涨,遂于 8 月 9 日下午致电 B 商,要求撤销其发盘。A 商收到 B 商接受通知的时间是 8 月 10 日上午。试问:根据《联合国国际货物销售合同公约》的规定,A、B 双方是否存在合同关系? 说明理由。

15. 试根据我国某进出口公司与某外商的往来电报分析双方的合同是否成立? 我方有无失误? 有哪些失误?
(1) 6.28 OUT
YOURS 26 OFFER SUBJECT REPLY HERE IMMEDIATELY

COMMODITY S315 300 M/TONS RMB 2 050 CIF EMP IRREVOCABLE SIGHT L/C PROMPT SHIPMENT.

(2) 6.30 COME

YC28 COMMODITY S315 300 M/TONS OUR FINAL BUYERS BEGINNING SHOW POSITIVE INTEREST AFRAID NEGOTIATION WILL BE RATHER LONG THEREFORE REQUEST OPTION FOR 10 DAYS OF 300M/TONS AND IF POSSIBLE FOR EVEN BIGGER QUANTITY AT REDUCED PRICE CABLE REGARDS.

(3) 7.2 OUT

YC30 COMMODITI S315 QUANTITY INCREASED TO 400 M/TONS AND KEEP OPEN TILL 15/7 PLEASE NEGOTIATE AND REPLY SOONEST IF POSSIBLE.

(4) 7.5 COME

COMMODITI S315 YC2 THANKS YOUR COORPERATION STOP PLEASE AIRFREIGHT IMMEDIATELY 2 KILOS SAMPLE OF WHICH 500 GRAMS SEALED STOP PLEASE RECONSIDER PRICE VIEW INCREASED QUANTITY REGARDS.

(5) 7.8 OUT

YC5 COMMODITY 2 KILOS SAMPLE AIRMAILED YESTERDAY QUANTITY AVAILABLE 400M/TONS PRICE BEST RMB 2,000 REPLY SOONEST IF POSSIBLE.

(6) 7.12 COME

YC8 COMMODITY S315 SAMPLE STILL UNRECEIVED THEREFORE REQUEST PROLONGATION OPTION 400 M/TONS RMB 2,000 STOP ESTIMATATE NEED ABOUT ONE WEEK FINAL DECISION AFTER ARRIVAL SAMPLE.

(7) 7.15 OUT

YC12 COMMODITY S315 400 M/TONS AGREE PROLONG TILL 26/7.

(8) 7.22 COME

YC15/7 COMMODITY S315 WE ACCEPT 400M/TONS RMB 2,000 CIF EMP PAYMENT L/C PROMPT SHIPMENT NET SHIPPED WEIGHTS BESIDES USUAL SHIPPING DOCUMENTS WE REQUIRE RHYTOSANITARY CERTIFICATE COMMA CERTIFICATE OF ORIGIN

AND WEIGHT LIST BASED ON WEIGHTS SHIPPED FROM CHINESE PORT STOP PACKING SOUND SEAWORTHY BAGS.

(9) 7. 24 OUT

YC22 AS REGRET CHANGE IN WORLD COMMODITY S315 MARKET WE REGRET GOODS ALREADY SOLD BEFORE RECEIPT OF YOUR CABLE BEST REGARDS.

(10) 7. 26 COME

YC24 YOUR INFORMATION THAT 400 M/TONS S315 ALREADY SOLD UNACCEPTABLE SINCE YC15/7 PROLONGED OUR OPTION ON THIS PARCEL UNTIL TODAY 26TH JULY THEREFORE WE INSIST ON YOUR ACCEPTANCE OF OUR ORDER STOP WITHDRAWL OF FIRM OFFER CONTRARY TO INTERNATIONAL BUSINESS RULE STOP IF SOME SMALL PRICE INCREASE IS REQUIRED WE TRY RENEGOTIATING WITH CUSTOMERS HOWEVER WE CANNOT GUARANTEE RESULTS STOP EXPECTING YOUR CABLE BY RETURN.

(11) 7. 28 OUT

YC26 400M/TONS OF COMMODITY S315 FORMERLY OFFERED REALLY SOLD APOLOGIZING MUCH BUT INSUIT YOUR REQUEST WE ENDEAVOUR MUCH IN SECURING 200M/TONS FROM SUPPLYING SOURCE AND NOW MAKE YOU AN OFFER ON 200M/TONS OF S315 AT RMB 2 700/TON CANDF EMP SHIPMENT SEPTEMBER VALID SUJECT REPLY HERE 31/7.

(12) 7. 30 COME

YC28 COMMODITY S315 REGRETABLE COMPELLED RESERVE OUR RIGHTS ON ARBITRATION THROUGH CHINA INTERNATIONAL ECONOMIC AND TRADE ARBITRATION COMMISSION AND POSSIBLY ALSO THROUGH NATHERLANDS COMMODITY TRADE ASSOCIATION FOR TECHNICAL ARBTRATIONS OR OTHER APPRICIATE AUTHORIZED ORGANIZATION STOP MUST INSIST OPEN EXECUTION CONTRACT AS PER OUR TIMELY ACCEPTANCE OF YOUR OFFER VIDE OUR CABLE 22/7 STOP COOPERATING WE CAN AGREE SHIPMENT 400 M/TONS AUGUST SEPTEMBER INSTEAD PROMPT

SHIPMENT AS CONTRACTED FAILING WHICH CLAIMING RMB 292 950 BECAUSE ACCORDING YOUR INDICATION VALUE NOW RMB 2 700 CANDF WHERE AS CONTRACTED PRICE RMB 2,000 CIF.

(13) 8. 2 OUT

REGARDING OFFER 400M/TONS COMMODITY S315 WHAT WE PROLONGED IN 15/7 TILL 26/7 IS WE AGREE PROLONG THE DURATION OF THE OFFER AND NOTHING WAS SAID SUCH BEING FIRM OFFER NOR IN ANY OUR PROVIONS CABLE MENTIONING SUCH BEING FIRM OFFER STOP AS OUR OLD CUSTOMER YOU SHOULD KNOW THAT OFFERS SUBJECT OUR FINAL CONFIRMATION IS OUR USUAL PRACTICE STOP CONSIDERING OUR PAST AND FUTURE FREINDLY TRADE RELATIONS WE DID MAKE YOU ON 28/7 FROM OUR NEW SUPPLY AN OFFER OF 200M/TONS AT RMB 2 700 BUT ASTONISHED TO LEARN FROM YC30 RAISING QUESTION OF ARBITRATION STOP AFTER FURTHER RECONSIDERATION WE PREPARE QUOTING YOU PREFERENTIAL PRICE ON THIS NEW OFFER 200 M/TONS STOP PLEASE CABLE YOUR FRIENDLY OPTION THANKS.

(14) 8. 5 COME

YC2/8 S315 REGRET DISAGREE YOUR VIEW AND REASONING BECAUSE WE REPLIED WITHIN TIMELY FIXED STOP WE HAD YOUR OFFER FOR REPLY TILL 26/7 AND REPLIED TIMELY ON 22/7 AS RECOGNIZED BY YOU STOP AWFULLY SORRY HAVE TO CLAIM CORRECT EXECUTION OF CONTRACT 400 M/TONS S315 AT RMB 2 000 CIF FOR WHICH WE CAN ACCEPT AUGUST SEPTEMBER SHOWING OUR GOOD WILL STOP WE ARE READY TO OPEN OUR L/C AS SOON AS YOUR CABLE CONTRACT NUMBER STOP IF YOU DO NOT AGREE THERE IS NO ALTERNATIVE BUT TO RELUCTANTLY SUBMIT MATTERS TO IMPARTIAL JUDGEMENT CABLE URGENTLY OR TELEX THROUGH BEIJING TO AVOID LOSE TIME VIEW REPID DEVELOPMENT S315 MARKET OUR TELEX NUMBER 1586 HOWEVER HOPE YOU EXECUTE 400M/TONS AUGUST SEPTEMBER AVOID ARBITRATION.

(15) 8.9 COME

BS567 OC5/8 MISSING YOUR REPLY RUSH.

(16) 8.12 OUT

YC5 CONDSIDERING OUR FRIENDLY TRADING RELATIONS WE DECIDE SELLING YOU 400 M/TONS S315 AT RMB 2 000/METRIC TON CIF EMP OF WHICH 200 M/TONS SHIPMENT SEPTEMBER WHICH REMAINING 200M/TONS SHIPMENT OCTOBER OWING STILL HAVE TO SECURE STOCK STOP OF SHIPPING DOCUMENTS NO CERTIFICATE OF ORIGIN ISSUABLE STOP PACKING SINGLE GUNNY BAGS 75 KILOS NET PER BAG MARKING SELLERS OPTION PAYMENT IRREVOCABLE L/C SIGHT.

DRAFT STOP LETTER FOLLOWS.

(17) 8.13 COME

YC12 S315 ACCEPTANCE YOUR DECISION AND AGREE SHIPMENT 200 M/TONS SEPTEMBER 200 M/TONS OCTOBER CABLE CONTRACT NUMBER FOR OPENING L/C UNDERSTAND YOUR POSITION WAS DEFICULT BUT HOPE FUTURE BUSINESS MORE REMUNERRATIVE FOR YOU BASED ON OUR GOOD RELATIONS REQUEST AIRMAIL 1 KILO OUTTURNS SAMPLE REGARDS.

16. 试分析下面的案例，指出我方公司的成功之处。

我国某进出口公司于某年3月8日应中东一中间商的询盘发了一个供应某商品100 000磅的发盘，规定自5月至9月平均每月装运20 000磅，单价为每磅1.62美元CIF某港，发盘有效期至3月15日止。3月12日收到对方来电称："YC8TH CONVINCED CLIENTS ACCEPTING YOUR PRICE PLEASE CONSIDER QUANTITY 120 000 LBS SHIPMENT MAY TO OCTOBER EQUALLY CABLE CONTRACT NUMBER。"

此时，我方发现价格每磅报低了0.20美元，若按此价成交，将损失20 000美元。于是对来电进行了分析，并于3月15日下午复电："YC12 ONLY

SUPPLY 100 000 LBS MAYTOSEPTEMBER L/C MUST REACH HERE 30/8 CONFIRM 17/3 OURTIME."

客户于 3 月 18 日来电接受我方 3 月 15 日去电,电文如下:"YC15 100 000 LBS CONFIRMED CABLE SC NUMBER FOR OPENING L/C."

我方公司 3 月 22 日去电:"YC18/3 ARTICLE XX MANY ENQUIRES SUPPLY TIGHT YOUR CABLE REPLY HERE ABSENT VALIDITY NOW CONTACTING MILLS IF RESULT AVAIABLE ADVISE YOU."

对方 3 月 25 日来电:"YC22/3 ARTICLE XX 100 000 LBS OUR CABLE DELIVERED POST OFFICE ON 18/3 FEW HOURS DELAY PLEASE CONSIDER AND CABLE CONTRACT NUMBER TO ESTABLISH CREDIT."

我方 3 月 26 日去电:"YC25/3 ARTICLE XX UNAVAILABLE REOFFER WHEN SUPPLIABLE."

我方 4 月 16 日去电:"THROUGH OURMILLS EFFORTS SUPPLIABLE ARTICLE XX 40 000 LBS CIF 某港 US＄1.82 JUNEJULY EQUALLY CONFIRMED 21/4."

对方 4 月 21 日来电:"YC16 CLIENTS DISAPPOINTED CANCELLING FIRM BOOKING 100 000 LBS QUANTITY NOW REDUCED SHIPMENT EXTENDED SUGGESTING SATISFYING CLIENTS ACCEPTING ORIGINAL PRICE USD 1.62 PERLB SOLICITING COOPERATION AND UNDERSTANDING."

我方 4 月 26 日去电:"YC21/4 REGRET YOUR REQUEST UNACCEPABLE OUR PRICE OFFEREF 16/4 FAVOURABLE PLEASE CONFIRM 28/4."

对方 4 月 27 日来电:"YC26 CONVINCED CLIENTS CABLE CONTRACT NUMBER 40 000 LBS ARTICLE XX."

我方 4 月 28 日去电:"YC27 SC2002109 AIRMAILING."

这笔交易终以每磅 1.82 美元 CIF 某港的价格达成交易,从而挽回了经济损失,又维护了与客户的关系。

八、操作题

1.下面是中国××机械进出口公司(中国郑州文化路 115 号)与阿联酋阿卜杜拉公司(阿联酋迪拜邮政信箱第 292 号)洽谈飞人牌自行车的往来电报,请根据上述电报拟制售货合同一份。

(1)2007 年 2 月 10 日来电

"有兴趣飞人牌自行车 3 000 辆请报即装价"

(2)2 月 11 日去电

"飞人牌自行车 3 000 辆木箱装每辆 50 美元 CFRC 2% 迪拜 4 月装即期信用证限 15 日复到此地"

(3)2 月 12 日来电

"你 11 日电歉难接受竞争者类似商品价为 46 美元请速复"

(4)2 月 14 日去电

"你 12 日电市场坚挺价格不能减限 18 日我方时间确认"

(5)2 月 16 日来电

"你 14 日电接受如 46 美元 CFRC 3% D/P 即期请确认"

(6)2 月 18 日去电

"你 16 日电最低 48 美元即期信用证限 20 日复到此地"

(7)2 月 19 日来电

"你 18 日电接受再订购 1 000 辆同样条件即复"

(8)2 月 20 日去电

"你 19 日电确认请速开证"

(9)2 月 21 日来电

"你 20 日电信用证将由 EMIRATES BANK INTERNATIONAL LIMITED 开立"

附空白合同：

中 国 ×× 机 械 进 出 口 公 司
CHINA ** MACHINERY IMPORT AND EXPORT CORPORATION
中 国 郑 州 文 化 路 115 号
115 WENHUA ROAD, ZHENGZHOU, CHINA

销 售 合 同
SALES CONTRACT

买方：
Buyer：

地址：
Address：

传真：
Fax：

电传：
Telex：

编号：
No.：

日期：
Date：

签约地点：
Signed At：

上述买卖双方同意成交下列商品订立条款如下：
The Seller and the Buyer above named have agreed to close the following transactions according to the terms and conditions stipulated below：

商品名称及规格 Name of Commodity and Specifications	数 量 Quantity	单 价 Unit Price	总 值 Amount
	允许溢短装 Quantity Allowance+		

合同总值：
Total Contract Value：

包装：
Packing：

唛头：
Shipping Mark：

装运期：
Time of Shipment：

装运港和目的港：从　　　　　　到　　　　　　准许
Port of Loading and Destination：From _____ to _____ with
转运及分运
Transshipment and partial shipment allowed.

保险：由卖方按发票金额110％投保　　　　险和　　　　险按1981年1月1日中国人民保险公司海运货物保险条款办理。
Insurance：To be effected by the Seller for 110％ of the invoice value against _____ Risks and _____ Risks as per Ocean Marine Cargo Clauses of the People's Insurance Company of China dated 1/1. 1981.

由买方办理。
To be effected by the Buyer.

付款条件：买方应通过卖方所接受的银行于装运月份前　　　　天开立并送达卖方不可撤销的、保兑的、可转让的、跟单的即期信用证，有效期至装运月份后第　　　天在中国议付。
Terms of Payment：The Buyer shall open through a bank acceptable to the Seller an Irrevocable, Confirmed, Transferable, Documentary Letter of Credit to be available by sight draft, to reach the Seller before _____ days before the month of shipment and to Remain valid for Negotiation in China until the _____ day after the aforesaid Time of Shipment.

检验：品质、重量、产地以中华人民共和国河南出入境检验检疫局签发的检验证书为准。
Inspection：Quality, Weight, Origin to be based on Inspection Certificate issued by Henan Entry-Exit Inspection and Quarantine Bureau of the People's Republic of China.

索赔：买方对于装运货物的任何索赔，必须于货到提单规定的目的地30天内提出，并须提供经卖方同意的公证机构出具的检验报告，否则不予受理。属于保险公司或运输公司责任范围的，卖方不予受理。
Claim：Any claims by the Buyer regarding the goods shipped should be filed within 30 days after arrival of the goods at the destination specified in the

relative B/L and supported by a survey report issued by a surveyor approved by the Seller, otherwise the Seller shall refuse to consider, claims in respect of matters within responsibility of insurance company or shipping company will not be considered by the Seller.

仲裁：因本合同引起的或与本合同有关的任何争议，均应提交中国国际经济贸易仲裁委员会，按照该会现行的仲裁规则进行仲裁。仲裁裁决是终局的，对双方均具约束力。

Arbitration: Any dispute arising from or in connection with this Contract shall be submitted to China International Economic and Trade Arbitration Commission for arbitration which shall be conducted by the Commission in accordance with its existing rules of arbitration. The arbitral award is final and binding upon both parties.

不可抗力：卖方或买方如遇有不可抗力意外事故，卖方或买方可推迟执行或撤销本合同，但必须提供政府当局或商会出具的发生事故的证明文件。

Force Majeure: In the event of force majeure contingencies beyond the Seller's Or the Buyer's control, the Seller or the Buyer may postpone to fulfil or cancel this S/C. But the Seller or the Buyer shall have to furnish a certificate of accident issued by the competent government authority or Chamber of Commerce as evident thereof.

备注：
Remarks：

卖方	买方
The Seller	The Buyer

2. 根据下列往来电报拟制售货合同一份。

Cables exchanged between China YiHai Import and Export Corporation and Green

Wood Chemicals Co., Ltd. Schout 1, 1516 Na Naarden, Rotterdam Holland.

Incoming telegram dated 5th May

PLEASE QUOTE IRON DRUM CHINESE ROSIN W. W GRADE JUNE SHIPMENT 100M/T CFR ROTTERDAM

Outgoing telegram dd. 6/5

YRC5 JULY/AUGUST SHIPMENT AVAILABLE PLSBID

Incoming telegram dd. 7/5

YC6 BID REFRENCE PRICE STG 500 CFR ROTTERDAM JULY SHIPMENT REPLY

Outgoing telegram dd. 8/5

RYC7 LOWEST STG520 CIF ROTTERDAM COVERING W. A. SIGHTL/C REPLY HERE 10TH.

Incoming telegram dd. 9/5

YC8 ACCEPT PROVIDED D/P SIGHT REPLY IMMEDIATELY

Outgoing telegram dd. 10/5

RYC9 SIGHT L/C D/P 50％ EACH REPLY HERE BEFORE 12TH

Incoming telegram dd. 11/5

YC10 ACCEPTED L/C OPENED MIDFORCITY NO. 12345 D/P HONOURABLE ON PRESENTATION

3. 上海某进出口公司与日本三明物产株式会社签订了一份售货合同,请将下面节选的合同条款中错误的地方予以更正。

(1)品名及规格:中国大米

水分:15％

杂质:0.5％

破碎粒:7％

(2)数量:500 吨

(3)单价:每吨 180 元 CIFC2％上海

(4)总值:90 000 元

(5)包装:散装

(6)装货港口:中国上海

(7)目的港:日本横滨

(8)装运期:2008 年 3 月

(9)保险:由买方办理

(10)付款条件:凭不可撤销信用证付款,信用证须在装运月份前 30 天开到卖方,装运月份后 15 天内在中国议付有效。

第八章　进出口合同的履行

一、名词解释
1. 托运单　　　　　　　　2. 装货单
3. 大副收据　　　　　　　4. 商业发票
5. 海关发票　　　　　　　6. 出口押汇
7. 收妥结汇　　　　　　　8. 定期结汇
9. 形式发票　　　　　　　10. 双到期

二、填空题
1. 以 CIF(或 CFR)和 L/C 成交的出口合同,卖方在履约时主要应做好以下四个环节的工作:(1)_____;(2)_____;(3)_____;(4)_____。
2. 装货单的作用有:(1)_____;(2)_____;(3)_____。
3. 履行出口合同中的"四排"工作是指以_____为对象,排出_____、_____、_____、_____四种情况。"三平衡"是指以_____为依据,力求做到_____、_____、_____三个方面的衔接和平衡。
4. 提单的运费项目,如果以 CIF 或 CFR 成交,在提单上应注明_____;如果以 FOB 成交,在提单上则注明_____。
5. 对各种结汇单据的基本要求是_____、_____、_____、_____、_____。
6. 如信用证上没有规定开具汇票的依据文句时,可在汇票上注明_____、_____。
7. 出具正式发票时,应将发票下端通常印有的_____字样删去。
8. 汇票的付款人,若信用证没有明确规定,可填写_____。
9. 发票的抬头人,除少数信用证另有规定外,一般均应填写_____。
10. 采用托收方式出口时,汇票的付款人应填写_____,且发票的抬头人也是_____。
11. 按照《联合国国际货物销售合同公约》的规定,买方的基本义务是_____、_____;卖方的基本义务是_____、_____和_____。

12. 履行合同必须坚持_____的原则,这是从事国际贸易的当事人最起码的职业道德。

13. 在进口业务中,视不同情况,进口方的索赔对象可能是_____、_____、_____。

三、判断题

( ) 1. 在修改信用证时,受益人可接受同一修改通知中的部分内容,而将另外的内容退回通知行。

( ) 2. 关于发票的抬头,若信用证无明确规定,则以开证行为抬头人。

( ) 3. 提单的被通知人,若信用证无明确规定,则应填写开证申请人。

( ) 4. 汇票通常开具一式二份,第一份为正本,第二份为副本,只有正本才有法律效力。

( ) 5. 银行不接受出单日期迟于装船或发运或接受监管之日的保险单,即使保险单上表明保险责任最迟于货物装船或发运或接受监管之日生效。

( ) 6. 某公司收到客户开来的信用证,规定最迟装运期为"on or about Nov. 15, 1996",则该公司可以在11月15日前后10天内发运货物。

( ) 7. A公司收到客户开来的以该公司为受益人的信用证,由于A公司不是实际发货人,所以该公司向银行提交的是以实际发货人B公司为发货人的提单,而银行以单证不符拒付货款。

( ) 8. 不可撤销议付信用证列有"最迟装运期",而未列有"议付到期日",则应被理解为"双到期"。

( ) 9. 货物装船后,托运人是凭船公司的装货单换取已装船提单。

( ) 10. 根据《UCP 600》规定,如信用证规定货物数量而该数量已全部装运,另如信用证规定单价而该单价并未减低,则支取金额允许有不超过5%的增加幅度。

( ) 11. 凡国外进口商要求我官方机构签发一般原产地证的既可向商检机构也可向贸促会申请出证。

( ) 12. 在信用证业务中,所有单据中有关货物的描述必须与信用证中的描述完全一致。

( ) 13. 我国某出口公司按CIF条件出售货物一批,合同规定凭信用证付款,买方在约定的时间内未开来信用证。由于合同规定的装运期已到,为了诚实信用,我方仍应按期发货,以免影响对外信誉。

( )14. 所有的进出口公司都可以直接向海关办理报关手续。

( )15. 如果我方取得的提单日期是3月5日,而保险单的日期是3月8日,不会影响我方安全迅速地收汇。

( )16. 进口合同采用CIF成交时,我方必须办理投保手续。

( )17. 海关发票是出口国海关为了统计出口数量和金额,要求出口人填写的一种专门格式的发票。

( )18. 信用证规定装运港为"Chinese Port"(中国口岸),受益人在缮制提单时应照打"Chinese Port",以免单证不符。

四、单项选择题

1. 按《UCP 600》规定,偿付行(　　)。
   A. 应仔细审单,如单证不符,则不予偿付
   B. 不受单,不审查,只凭开证行的授权书或L/C副本负责偿付
   C. 既受单,又审查,如发现不符点,应征得开证行同意后方予付款

2. 提单日期为7月15日,信用证的有效期为8月15日,按《UCP 600》规定,受益人向银行交单的最迟日期为(　　)。
   A. 7月15日　　B. 8月5日　　C. 8月15日

3. 按《UCP 600》规定,信用证项下汇票的付款人应是(　　)。
   A. 议付行　　B. 开证申请人　　C. 开证行

4. 各种运输单据中,能起到货物收据、运输合同和物权凭证作用的是(　　)。
   A. 铁路运单　　B. 航空运单　　C. 海运提单

5. 提单的抬头通常做成(　　)。
   A. 记名式　　B. 不记名式　　C. 指示抬头

6. 免赔率内不赔,超过免赔率时,则连同免赔率在内一起赔,这种规定称为(　　)。
   A. 绝对免赔率　　B. 相对免赔率　　C. 不计免赔率

7. 货物装船后,凭以换取正本提单的单据是(　　)。
   A. 托运单　　B. 装货单　　C. 大副收据

8. 汇票的抬头是汇票的(　　)。
   A. 出票人　　B. 受票人　　C. 受款人

9. 提单的抬头是指提单的(　　)。
   A. Shipper　　B. Consignee　　C. Notify party

10. 按《UCP 600》规定,开证行、保兑行或其指定银行审核单据的时间不得超过自收到单据翌日起( )。

   A. 5 个银行工作日　　　　　　B. 7 个银行工作日

   C. 10 个银行工作日

11. 根据《UCP 600》规定,除非信用证另有规定,商业发票的签发人必须是( )。

   A. 开证申请人　B. 受益人　　C. 开证行　　　D. 合同中的卖方

12. 出口一批大宗商品,国外来证规定:"数量为 10 000 公吨,散装,总金额 100 万美元,禁止分批装运。"根据《UCP 600》规定,卖方交货的( )。

   A. 数量和金额均不得增减

   B. 数量和总金额均可在 10%的范围内增减

   C. 数量和总金额均可在 5%的范围内增减

   D. 数量可以有 5%的伸缩,但总金额不得超过 100 万美元

13. 根据《UCP 600》规定,除非信用证另有规定,商业发票的抬头必须做成( )。

   A. 开证行　　　　　　　　　B. 开证行指定的银行

   C. 开证申请人　　　　　　　D. 合同中的买方

14. 信用证规定到期日为 2007 年 5 月 31 日,而未规定最迟装运期,则可理解为( )。

   A. 最迟装运期为 2007 年 5 月 10 日

   B. 最迟装运期为 2007 年 5 月 16 日

   C. 最迟装运期为 2007 年 5 月 31 日

   D. 该信用证无效

15. 以 CIF 出口时,如合同和信用证无特殊规定,保险单中"INSURED"一栏应填( )。

   A. 进口商名称　　　　　　　B. 开证申请人名称

   C. 出口商名称　　　　　　　D. 开证行名称

五、多项选择题

1. 根据《UCP 600》,信用证项下的汇票付款人应写成( )。

   A. 开证申请人　　　　　　　B. 开证行

   C. 开证行指定的银行　　　　D. 开证申请人指定的银行

   E. 受益人指定的银行　　　　F. 合同中的买方

2. 根据《UCP 600》,信用证中必须规定交单地点(到期地点)的是(　　)。
   A. 即期付款信用证　　　　　B. 延期付款信用证
   C. 承兑信用证　　　　　　　D. 限制议付信用证
   E. 自由议付信用证

3. 根据《UCP 600》,除非信用证另有规定,商业发票(　　)。
   A. 必须由信用证中指定的受益人签发
   B. 必须做成开证申请人抬头
   C. 必须签署
   D. 不必签署
   E. 金额不得超过信用证金额
   F. 对货物的描述必须符合信用证的描述,但也可使用统称

4. 根据《UCP600》,海运提单表面上注明承运人的名称,则(　　)。
   A. 必须由承运人或其代理人、或船长或其代理人签署
   B. 签署人需表明其身份
   C. 签署人不需表明其身份
   D. 若为代理人签署,还必须表明被代理一方的名称和身份
   E. 若为代理人签署,只要表明其身份,而不需要表明被代理一方的名称和身份

5. 下列关于海关发票的描述,正确的有(　　)。
   A. 由出口人填制　　　　　　B. 由进口人填制
   C. 是出口人向海关报关时提供的单据
   D. 是进口人向海关报关时提供的单据
   E. 是进口国海关进行估价完税、征收差别待遇关税或反倾销税的依据

6. 下列信用证的条款中,属于软条款的是(　　)。
   A. 商业发票需开证申请人签字　　B. 商业发票需签字
   C. 商检证书由开证申请人签发
   D. 承运船只由买方指定,船名以信用证修改书的方式通知,交单时必须提交信用证修改书
   E. 货物样品寄交开证申请人认可,认可了的电传作为单据之一
   F. 加拿大海关发票一份

六、简答题

1. 在国际货物买卖中,卖方的基本义务是什么?
2. 履行出口合同的基本程序有哪些?其中的主要程序是哪几个?

3. 为什么要催证、审证和改证？审证的依据和内容是什么？

4. 订舱工作的基本程序有哪些？

5. 装船通知的主要内容及方式各有哪些？

6. 在信用证方式下，制作单据和审核单据的依据是什么？

7. 凭信用证向银行办理出口货款结算时，银行的结汇办法有哪几种？哪一种对出口人有利？为什么？

8. 何谓信用证的有效期、交单期和装运期？三者之间的关系如何？在实际工作中应怎样掌握？

9. 何为海关发票？填制海关发票应注意哪些问题？

10. 磋商进口交易时应注意哪些问题？

11. 进口合同的基本条款通常有哪些？与出口合同相比有何不同？

12. 进口合同的履行包括哪些程序？与出口合同相比有何不同？

13. 进口人在开立和修改信用证时，分别应注意什么问题？

14. 如何做好进口商品的检验工作？

15. 进口商发现货损货差时应如何进行索赔？

七、案例分析题

1. 我国某公司与某国外客户签订出口合同，以 CIF 科伦坡条件出口货物一批，总数 200 箱。我方按合同发运货物后取得了已装船清洁提单和保险单，但由于船方的错误，船到科伦坡时只卸下 180 箱，有 20 箱随船到了卡拉奇。买方以此为由拒绝付款，并向我方索赔。对此，我方应如何处理？

2. 我国某公司出口玉米 500 公吨，信用证中规定："CIF 墨尔本，1996 年 9 月 30 日前从上海发运货物，不准分批和转船。"由于货源紧张，到 9 月 20 日，我公司只能提供 450 公吨，而该月下旬无通往墨尔本的班轮，于是该公司只好在 9 月 20 日发运 450 公吨。此船离港后，该公司又设法在福州买到 50 公吨玉米，于是又联系船方请其 9 月 25 日到达福州时再装 50 公吨。因此，我方取得了两套提单。当我方持单到银行议付时遭到拒绝，其理由是违反了信用证不准分批的规定，单证不符。经联系买方，买方坚持同样的理由。最后我方只好降价 30% 才收回了货款。问我公司是否应该降价？为什么？

3. A公司出口153型全棉劳动手套5 000打,客户开来信用证中注明,商品的名称是"153型全棉劳动手套",A公司发运货物后持单到银行议付,银行发现发票上写的是"153型全棉劳动手套",而提单和保险单上仅写为"劳动手套",就以单单不一致为由拒绝付款。经A公司联系客户,客户也不愿接受单据,最后只好降价15%以托收方式收回款项。请分析此例中A公司的处理是否得当?为什么?

4. 东方贸易公司与某外商签订合同出口货物一批,价格条件是CIF蒙巴萨,2007年10月装运,以不可撤销信用证付款。9月24日,公司收到外商银行开来的电开信用证,证中要求投保水渍险和战争险。10月5日,东方贸易公司又收到经银行转达的证实书。证实书中要求投保一切险和战争险及罢工险。该公司于10月20日发运货物后持单据到银行议付时,银行发现保险单上注明的险别是水渍险和战争险,便以单证不符为由拒绝付款。问东方贸易公司应如何处理此事?为什么?

5. 我国内地A公司从香港B公司购进马口铁一批,价值50万美元,合同规定以信用证方式付款,A公司按合同规定开出信用证,开证行在信用证有效期内收到通知行寄来的单据,经审查认为单据完全符合信用证,便及时对外付了款。货到后,A公司发现集装箱内全是铁桶,而铁桶内全是污水,根本没有马口铁。问A公司在此事件中应吸取什么教训?

6. 我国A公司拟从美国B公司进口一套设备,双方经过谈判,未能在价格上达成一致意见。后来,B公司愿意接受A公司的还价,但同时要求A公司同意在交货前半年付款。由于A公司的谈判代表缺乏业务经验,当场表示同意。事后经核算,半年利息损失已超过还价所得的利益。试分析除利息损失外,A公司还可能遭受什么损失?

7. 太原 A 公司委托青岛 B 公司进口机器一台,合同规定索赔期限为货到目的港 30 天内。当货到青岛卸船后,B 公司立即将货转至太原交 A 公司,由于 A 公司厂房尚未建好,机器无法安装,待半年后厂房完工,机器安装好进行试车,发现机器不能很好运转,经商检机构检验证明机器是旧货,于是请 B 公司对外提出索赔,但外商置之不理。请问,我方对此应吸取什么教训?

8. 某外贸企业出口货物一批,数量为 1 000 公吨,每公吨 US＄65 CIF Rotterdam,国外买方通过开证行按时开来信用证,该证规定:总金额不得超过 US＄65 000,有效期为 7 月 31 日。证内注明按《UCP 600》办理。外贸企业于 7 月 4 日将货物装船完毕,取得提单,签发日期为 7 月 4 日。问:
(1)外贸企业最迟应在何日将单据送交银行议付? 为什么?
(2)本批货物最多、最少能交多少公吨? 为什么?

9. 我国 A 公司向巴基斯坦 B 公司以 CIF 条件出口货物一批。国外来证中单据条款规定:"商业发票一式两份;全套清洁已装船的海运提单,注明'运费已付',做成指示抬头空白背书;保险单一式两份,根据中国人民保险(集团)公司 1981 年 1 月 1 日海洋运输货物保险条款投保一切险和战争险。"信用证内注明"按《UCP 600》办理"。A 公司在信用证规定的装运期内将货物装上船,并于到期日前向议付行交单议付,议付行随即向开证行寄单索偿。开证行收到单据后来电表示拒绝付款,其理由是单证有下列不符:
(1)商业发票上没有受益人的签字;
(2)正本提单是以一份组成,不符合全套要求;
(3)保险单上的保险金额与发票金额相等,因此,投保金额不足;
(4)提单上未表明出单人的身份。
试分析开证行单证不符的理由是否成立? 并说明理由。

10. 我国某外贸公司以 CIF 鹿特丹与某外商成交出口一批货物,按发票金额的 110% 投保一切险及战争险。售货合同中的支付条款只简单填写"Payment by L/C"(信用证方式支付)。国外来证条款中有如下文句:"Payment under this Credit will be made by us only after arrival of goods at Rotterdam"(该证项下的货款在货到鹿特丹后由我行支付)。受益人在审证时未发现,因此未请对方修改删除。我方在交单结汇时,银行也未提出异议。不幸 60% 货物在运输途中被大火烧毁,船到目的港后开证行拒付全部货款。对此,应如何处理?为什么?

八、操作题

1. 对照所附合同条款,审核下面的信用证,指出哪些地方需要修改。

(1) L/C:

Merchantable bank Ltd., port Louis, Mauritius

Date of issue: June12, 2007

L/C No. 2007/19045

Via airmail through China Everbright Bank, Zhengzhou Branch.

To China National Light Industrial Products I/E Corporation, Zhengzhou Branch.

Dear Sirs,

By order of Yue Hua, Port Louis, we issue this Documentary credit in your favour for an amount of US$ 20 137.00 available by negotiation of your drafts at 90 days sight drawn on the Applicant bearing the clause: "Drawn under L/C No. 2007/19045 of Merchantable bank Ltd., Port Louis, Mauritius" for full invoice.

Value of goods accompanied by the following documents:

■ Certified invoices in sextuplicate;

■ Full set 3/3 clean on board Bills of lading made out to order, endorsed in blank, marked "Freight Prepaid" and notify accountee;

■ Insurance policy/certificate covering W. A. and war risks as per Ocean Marine cargo clauses dated 1. 1. 1981 of the PICC, up to Mauritius with transshipment.

Risks if incurred, claims, if any, payable in Mauritius.

Covering:

300 Dozen Artificial Leather Bags as per your S/C No. 2007/4098 @US $69.20 per dozen CFR port Louis less 3% commission to be shown on the invoice.

Goods to be shipped from any Chinese port to port Louis in three equal shipments with an interval of one month between each shipment.

This credit is valid until September 30, 2002 at our counter.

Partial shipment is not allowed.

Transhipment is allowed with through B/L.

Special Conditions:

One set of n/n shipping documents must be airmailed to opener prior to date of shipment and post evidence to this effect is required.

All invoices must indicate Import Permit No. T/2007/L8082, Expiry date Nov. 15, 2007.

When negotiating documents 3% commission to be deducted from amount negotiated.

And return to Mr. Wang Chen, port Louis, Mauritius.

We hereby engage with drawers and/or born fide Holders that drafts drawn and negotiated in conformity with terms of this credit will be duly honoured on presentation within the life of this credit.

Merchantable Bank Ltd., Port Louis

————————————

(Signed)

(2) S/C Summary:

Important terms and conditions of S/C No. 2007/4098 300 Dozen Artificial Leather Bags.

@US $69.20 per dozen CFRC 3% Port Louis, instalment shipment during July, August and September, 2007, payment by Irrevocable L/C payable at sight.

2. 请根据下列信用证条款填制一汇票。

WE HEREBY ESTABLISHED OUR IRREVOCABLE DOCUMENTA-

RY CREDIT IN YOUR FAVOUR AVAILABLE BY YOUR DRAFT(S) AT SIGHT FOR FULL INVOICE VALUE DRAWN ON US, BEARING THE CLAUSE "DRAWN UNDER BANK OF CHINA, SINGAPORE CREDIT NO. YL2105 DATED 20TH OCTOBER, 2007".

 INVOICE NO. HL—016
 INVOICE VALUE: US＄9,800.00
 NEGOTIATING BANK: BANK OF CHINA, SHANGHAI BRANCH
 BENEFICIARY: SHANGHAI XINDA INTERNATIONAL TRADING CO., LTD.

 Drawn under _____
 L/C No. _____
 Dated _____
 No. _____ Exchange for _____ Shanghai, China. Date _____
 At _____ sight of this First of Exchange (second of exchange being unpaid)
 Pay to the order of _____
 The sum of _____
 To _____
  _____

3. 请根据下列信用证条款填制商业发票和装箱单。(见附表1、附表2)
SIGNED COMMERCIAL INVOICES IN QUADRUPLICATE
 APPLICANT: A. B. C Trading.
   P. O. Box 2003, Dubai, U. A. E
 BENEFICIARY: HENAN YIHAI IMPORT AND EXPORT COMPANY LIMITED
   NO. 115 WEHUA ROAD, ZHENGZHOU, CHINA
 INVOICE NO. YH—008
 DATE OF SHIPMENT: MARCH, 2007
 DESTINATION: LONDON
 SHIPPING MARK: A. B. C
 LONDON

1/100
NAME OF COMMODITY:AGRICULURAL IMPLEMENT
QUALITY OF GOODS:S303 SHOVEL
QUANTITY:100 DOZEN
PACKING:IN GUNNY BAGS OF ONE DOZEN EACH
UNIT PRICE:US＄15.00 PER DOZEN CIF LONDON
S/C NO. 2007AG016
L/C NO. T-0216
EACH:GROSS WEIGHT:24KGS
NET WEIGHT:22KGS
TOTAL:GROSS WEIGHT:2 400 KGS
NET WEIGHT:2 200 KGS

附表 1

Issuer	商 业 发 票 COMMERCIAL INVOICE		
To			
	No.		Date
Transport datails	S/C No.		L/C No.
	Terms of payment		
Marks and numbers	Number and kind of packages; description of goods	Quantity	Unit price	Amount

附表 2

Issuer	装 箱 单 PACKING LIST	
To		
	Invoice No.	Date
Marks and numbers	Number and kind of packages; description of goods	

第九章 贸易方式

一、名词解释
1. 包销
2. 代理
3. 寄售
4. 拍卖
5. 独家代理
6. 招标
7. 期货交易
8. 套期保值
9. 补偿贸易
10. 加工贸易

二、填空题
1. 包销同一般交易的区别在于包销方在特定地区享有_____。
2. 按委托人授权的大小,销售代理可分为_____、_____和_____。
3. 包销和代理的主要区别在于包销业务中双方的关系是_____,而代理业务中双方的关系是_____。
4. 招标、投标业务的基本程序包括:_____、_____、_____、_____、_____等环节。
5. 在招标投标业务中,投标人要做的主要工作包括_____、_____、_____、_____。
6. 拍卖的方式有:_____、_____和_____。
7. 寄售商品的作价方法通常有以下三种:_____、_____、_____。
8. 商品交易所交易的种类分为_____和_____。除了少量的_____交易外,大量的是_____和_____。
9. 当投机者预期期货价格将上涨时会_____期货合同,即"_____"或"多头",当他预测期货价格将下跌时会_____期货合同,称为"_____"或"空头"。
10. _____贸易又称为以进养出。
11. 对销贸易主要有以下五种基本形式:_____、_____、_____、_____、_____。
12. 补偿贸易是在_____基础上进行的。我国开展补偿贸易时采用的主要补偿做法有:_____、_____、_____。

13. "三来一补"是指_____、_____、_____、_____。

三、判断题

( )1. 代理业务中,双方当事人之间是买卖关系。
( )2. 在代理业务中,代理商不垫资金、不担风险和不负盈亏。
( )3. 包销商和出口商之间的关系是售定关系。
( )4. 采用包销和独家代理方式,出口商可以在一定程度上避免在同一时间同一区域内多头出口而导致的自我竞争。
( )5. 在独家代理的情况下,委托人不能与代理地区内的买方直接进行交易。
( )6. 在寄售业务中,寄售人与代销人之间是买卖关系。
( )7. 寄售是现货贸易。
( )8. 招标是邀请发盘,而投标是不可撤销的发盘。
( )9. 招标人通常都要求投标人在投标时提供一定金额的投标保证金,目的是保证投标人在提出申请后按时参与投标。
( )10. 招标与投标是一种交易的两个方面。
( )11. 在国际招标业务中,投标人可以选定中标人,也可以宣布招标失败而拒绝全部招标。
( )12. 荷兰式拍卖是一种最常见的拍卖方式。它是由拍卖人叫出最低价,最后由拍卖人把商品卖给出最高价的买主。
( )13. 拍卖实际上是一种现货交易。
( )14. 商品期货交易又称"纸合同交易"。
( )15. 招标是买主之间的竞争,而拍卖是卖主之间的竞争。
( )16. "买期保值"与"卖期保值"的做法相反,前者是在买进现货的同时,在交易所卖出同等数量的期货合同;后者是在卖出现货的同时,在交易所买进同等数量的期货合同。
( )17. 寄售商品在寄售前一切风险由代销人承担。
( )18. 在寄售业务中,代销商不得以自己的名义出口货物、收取货款并执行与买主订立的合同。
( )19. 在来料加工合同中,当采取原材料和成品分别作价时,对于价款的收付应坚持先收成品价款,后付原材料价款的基本原则。
( )20. 进料加工和来料加工均为一进一出的两笔交易。

四、单项选择题

1. 当代国际贸易中除传统的逐笔售定外,在不动用或少动用国外资金情况下,最常见的一种贸易方式是( )。

A. 包销　　　　B. 代理　　　　C. 拍卖

2. 招标人为防止投标中标后不签合同,往往要求投标人在投标时提交( )。

A. 标单　　　　B. 投标文件　　　C. 投标押金

3. 密封递价拍卖又称( )拍卖。

A. 增加　　　　B. 减价　　　　C. 招标式

4. 补偿贸易( )。

A. 是一种利用外资的形式　　　B. 不是利用外资的形式

C. 有时是利用外资的方式,有时不是利用外资的方式

5. 在补偿贸易中,对设备的引进方而言,最有利的补偿方式是( )。

A. 用劳务补偿　　　　　B. 用间接产品补偿

C. 用直接产品补偿

6. 在对外加工装配业务中,当采用双作价时,最有利的补偿方式是( )。

A. 先收后结　　B. 先付后收　　C. 收付同时进行

7. "以进养出"又称( )。

A. 来料加工　　B. 来件装配　　C. 进料加工

8. 某商人在买进实际商品(现货)的同时,在期货市场上又卖出同等数量的期货合同,这一做法是( )。

A. 买期保值　　B. 卖期保值　　C. 等量保值

9. 在补偿贸易中,购进技术设备的一方用该技术设备投产后生产出来的产品偿还技术设备的价款或购买技术设备所用贷款的本息,这种方式称为( )。

A. 直接补偿　　B. 间接补偿　　C. 综合补偿

五、简答题

1. 包销协议包括哪些主要内容?
2. 代理协议包括哪些内容?
3. 包销与代理有哪些主要区别?
4. 独家代理协议应包括哪些内容?
5. 在出口业务中,采用包销方式时应注意哪些问题?
6. 寄售方式的主要特点是什么?
7. 寄售商品的作价方法通常有哪些?

8. 招标人为什么要对投标人进行资格预审？

9. 拍卖业务有何特点？其一般业务程序有哪几个阶段？

10. 拍卖的叫价方式有哪些？各种叫价方式的含义是什么？

11. 哪些商品适于拍卖？拍卖方式对卖方有何利弊？

12. 商品期货交易有哪些特点？其基本内容有哪些？

13. 对外加工装配业务的主要特点是什么？

14. 我国开展对外加工装配业务的意义何在？开展该业务时应注意哪些问题？

15. 补偿贸易一般是如何进行的？试比较以直接产品补偿和以间接产品补偿两种补偿方法的利弊。

16. 通过补偿贸易引进设备时，应注意哪些问题？

17. 来料加工与进料加工有何不同？进料加工业务应注意什么问题？

18. 甲方与乙方洽谈一笔补偿贸易，乙方提出在信贷的基础上向甲方提供一套设备，并表示愿意为甲方代销产品。试分析，乙方提出的条件对甲方是否有利。

六、案例分析题

1. 某年6月，我国某外贸公司通过代理人向P国一个政府机构投标，后来中标，并于7月签订了买卖合同。合同中规定，我方以CIF价格向P国供应电缆××桶，货价的90%采用即期信用证支付，另10%待货到目的地收货人仓库经买方查验无误后汇付，并规定P国的招标书为合同不可分割的一部分（招标书内规定按货价的110%投保，保险期不少于货到买方仓库后90天）。我方收到对方开来的信用证（证中注明保险由卖方办理）后，投保了一切险与战争险，并按规定时间发运货物和收进了信用证部分货款。货物于次年4月2日送进买方仓库，4月23日买方发现若干件货物不同程度的被盗，但保险公司不予赔偿，于是对方从最后10%的货款中扣除被盗货物价值183 000美元，将剩余部分汇给我方就了事，致使我方受到了损失。请问我方在此案中应吸取哪些教训？

2. 我国某公司根据某埃及商人所提供的图纸生产出口机床一批，此商人又将这批机床转售给德国某商人。机床进入德国后，德商被起诉，该机床侵犯了德国有效的专利权，法院令被告向专利权人赔偿损失，随后德商向埃及商人索取赔偿，而埃及商人又向中方要求赔偿。试问中方是否应承担责任？为什么？

3. 我国内地某进出口公司与香港 A 公司签订了一份来料来样加工某商品协议，协议中未注明有关商标的内容。由 A 公司提供材料和商品的样品，我方负责加工。待将成品运至香港时，被香港海关扣留，因其涉嫌冒用 B 公司的商标。该商品所用商标早已由 B 公司在香港和内地注册并取得商标权，因此，B 公司在香港追究 A 公司的法律责任。问该内地公司是否应承担法律责任？为什么？在此案例中，该内地公司应吸取什么教训？

第二部分　国际贸易实务习题答案

第一章　商品的品质、数量和包装

一、名词解释

1. Counter Sample

即对等样品，指卖方按买方来样复制、提供或加工出一个类似的样品交买方确认，确认后的样品即为"对等样品"，也可称为"回样"或"确认样品"。对等样品改变了交易的性质，把原来的凭买方样品买卖变为凭卖方样品买卖。

2. GMQ

英文全称为 Good Merchantable Quality，即上好可销品质，指卖方须保证其交付的货物品质良好，适合商品销售，而在成交时无须以其他方式去说明商品的具体品质。在国际贸易中，适用于木材、冷冻鱼虾等水产品的买卖。

3. 品质公差

英文全称为 Quality Tolerance，是指在工业品交易中，买方允许卖方所交货物的品质有一定幅度范围内的误差。

4. FAQ

英文全称为 Fair Average Quality，即良好平均品质，指一定时期内某地出口商品的平均品质水平。它是国际市场上买卖农副产品时常见的一种标准，在我国习惯上称为"大路货"。

5. Duplicate Sample

即复样，卖方向买方寄样品的同时给自己留存的样品，以备日后可能发生品质争端，作交货或处理纠纷时核对。

6. Gross for Net

即"以毛作净"，指散装的大宗低价商品，一般无包装物或有一些简单包装，但同货物重量相比很少，价值很低，因此在计价时，可以将毛重当作净重计，这种方法称为"以毛作净"。

7. Conditioned Weight

即公量，指用科学的方法将商品的实际水分抽出，再加标准含水量所得的重量,这种方法适用于羊毛、生丝等经济价值较高但含水量又极不稳定的商品。

8. More or Less Clause

即溢短装条款,指在买卖合同的数量条款中明确规定可以增减的百分比,但以不超过规定数量的百分比为限。

9. Neutral Packing

即中性包装,指既不标明生产国别、地名和厂商名称,也不标明原有商品的商标或品牌的包装。

10. Shipping Mark

即运输标志,俗称"唛头",通常是由一个简单的几何图形和一些字母、数字及简单的文字组成,其作用在于使装卸、运输、保管过程中的有关人员识别货物以防错发错运,它通常由发货人或收货人代号、目的地名称、批件号、参考号等四部分组成。

二、填空题

1. 凭实物样品表示法;凭文字说明表示法

2. 凭规格、等级、标准买卖;凭品牌或商标买卖;凭产地名称买卖;凭说明书、图样买卖

3. 反映商品品质的若干主要指标;同一类商品因其规格上的差异所形成的不同级别;政府部门或行业团体统一制定或公布的规格或等级

4. FAQ;大路货;以毛作净

5. GMQ

6. 规定范围;规定极限;规定上下差异

7. 重量;个数;长度;面积;体积;容积

8. 国际单位制;公制;英制;美制

9. 毛重;净重;公量;理论重量

10. 运输包装;销售包装

11. 运输标志;指示性标志;警告性标志

12. 包装材料;包装方式;包装费用;运输标志

三、判断题

1. × 2. × 3. × 4. × 5. √ 6. × 7. × 8. × 9. √ 10. ×
11. √ 12. × 13. √ 14. √ 15. × 16. √ 17. √ 18. × 19. √
20. √ 21. × 22. × 23. √ 24. × 25. ×

四、单项选择题

1. C 2. B 3. B 4. C 5. C 6. C 7. D 8. C 9. B 10. D 11. B

12. C 13. A 14. C 15. C 16. B 17. A 18. B

五、多项选择题

1. ABC 2. ABD 3. ACE 4. ABCD 5. CD 6. ABCE

六、简答题

1.（1）内容必须明确、具体，避免空泛、笼统的规定。

（2）合同条款中规定的品名，必须是卖方能够提供且买方所需要的商品，凡做不到或不必要的描述性词句不应列入。

（3）在合同中，应尽可能使用国际上通用的名称。

（4）对某些商品还应注意选择合适的品名，以减低关税，方便进出口和节省运费开支。

（5）同一笔合同中，单据、信用证和实物包装等环节涉及的名称应该一致。

2.（1）用实物样品表示商品品质。

以实物表示商品的品质通常又有看货买卖和凭样品买卖两种方法。

（2）凭文字说明表示商品的品质。

凭文字说明表示商品的品质即用文字、图表、相片等方式来说明成交商品的品质，具体又可以分为凭规格买卖、凭等级买卖、凭标准买卖、凭品牌或商标买卖、凭产地名称买卖、凭说明书和图样买卖等六种方法。

3. 凭样成交的基本要求是：样品是交货的标准，是唯一的依据；卖方所交商品在品质上必须与样品完全一致。

凭样成交应注意下列问题：

（1）凭买方样品买卖时，卖方应当注意对方的来样中是否有反动的、黄色的、丑陋的式样和图案；原材料、生产加工技术和生产安排的可能性；订立合同时应规定，如若发生由买方来样引起的工业产权问题时，与卖方无关，概由买方负责。

（2）凭卖方样品成交时，买方应当注意卖方所提供的样品必须有足够的代表性，即样品能代表整批货物的平均品质；寄出样品时，卖方应留有复样，妥善保管，以供日后查照和验证货物之用；对货样不能完全一致的商品，在订立合同时应规定，卖方交货与所提供样品的品质大致相符或基本相符，以防买方因卖方所交货物与样品有微小差异而拒收或索赔；严格区分参考样品和标准样品，为避免误会，对于不是凭样成交的样品，应在样品上注明"参考样品"字样。

4. 数量条款的内容及其繁简，应视商品的特性而定。规定数量条款时，需要注意下列事项：

（1）正确掌握成交数量。在商洽交易时，应正确掌握进出口商品成交数量，防止心中无数,盲目成交。

(2)数量条款应当明确具体。为了便于履行合同和避免引起争议,进出口合同中的数量条款应当明确具体。进出口合同中成交量一般不宜采用大约、近似、左右等带伸缩性的字眼来表示。

(3)合理规定数量机动幅度。为了订好数量机动幅度条款,需要注意下列几点:A.数量机动幅度的大小要适当;B.机动幅度选择权的规定要合理;C.溢短装数量的计价方法要公平合理等。

5.国际贸易中关于重量的规定方法主要有:按毛重、按净重、按公量、按理论重量及按法定重量等。

6.溢短装条款主要包括数量机动幅度的大小、溢短装部分的选择权及溢短装部分的作价原则等三部分内容。例如:中国大米,100公吨,卖方可溢装或短装 5%(Chinese rice,100 metric tons,5% more or less at sellers' option)。

7.包装标志分为:运输标志(Shipping Mark)、指示性标志(Indicative Mark)、警告性标志(Warning Mark)、尺码重量标志(Measurement Weight Mark)等。

运输标志俗称"唛头",它通常由三部分组成:(1)收发货人代号;(2)目的地名称或代号;(3)批件号。按照国际标准化组织建议,运输标志一般包括以下几部分内容:发货人或收货人名称的缩写或代号,参考号,目的地名称,批件号等。

8.若交货前红小豆市场价格上涨,在不违反合同的情况下,卖方会惜售,可少交 25 公吨(在 5%范围内);若交货前红小豆价格下跌,卖方要想获利,应多交货物,最多可多交 25 公吨。

七、案例分析题

1.买方有拒付的权利,原因如下:

(1)在国际贸易中,卖方所交货物必须与合同规定完全一致,否则买方有权提出拒收和索赔。

(2)该公司以好顶次的做法是和合同不符的,在出现价格下跌的情况下,买方仍可能提出拒收或索赔。

(3)出现此种情况,我方应采取主动措施,将情况电告对方,与买方协商寻求双方都可以接受的解决办法。但需注意,无论采用何种解决措施,发货前都要征得买方同意和确认,以免日后发生纠纷。

2.责任在我方。因为我方第一个拒赔理由不成立,出口合同规定的商品名称为"手工制造书写纸",而我方实际所交的货物部分制造工序为机械操作,实际交货品质与合同中凭说明约定的品质规定不符,显然违反了合同;我方拒赔的第二个理由也不成立,虽然经买方当面先看样品成交的,但从案例中我们可以判断,此笔交易并非凭样品买卖。所以,我方应主动承担责任,赔偿买方损失。

3. 该公司的做法不可行。根据国际惯例的做法,若合同中未规定按毛重或净重计算商品的价格时,应按净重计算价格。所以该公司应退回因短量多收的货款。

4. (1) 作为卖方,要尽可能少装货物。根据本案条件,卖方可以只交付7 600公吨的货物。因为该货国际市场价格大幅度上涨,按定约时的价格对卖方不利,多交货意味着多损失。

(2) 作为买方,为了避免卖方利用市价变动获取额外利润,定约时,可在合同中规定:溢装或短装部分的货物价格,按照装运时该货市价计算。

5.《UCP 600》规定,合同中未明确规定数量机动幅度的,卖方一般应按合同规定交货,但采用信用证支付且货物不是以包装或个数单位计量的,在支取金额不超过信用证金额的条件下,卖方交货的数量允许有5%的增减。据此,此案例中,卖方最多可交货10 000公吨,因信用证总金额为100万美元,多装了就会超过信用证的总金额;卖方最少可交9 500公吨。

6. 有不同。"大约"一词究竟有多大的伸缩,各国法律解释不一。根据《UCP 600》的规定可有10%的增加,后一种明确规定了1 000公吨可有5%的增减。后一种情况下,卖方最多可交1 050公吨,最少可交950公吨。多交或少交货物按合同价计算。

7. 根据《UCP 600》,针织布10 000千克不是以包装或个数计量可有5%的增减,而针织衫5 000件是用件数计量的,故不可有增减;信用证总金额为大约50 000美元,所以总金额最高可达55 000美元。故我出口数量针织布最多可交10 500千克(价值42 000美元),针织衫5 000件(价值10 000美元)。两项合计52 000美元,没有超过信用证最高金额。故针织布最多可交10 500千克;针织衫最多可交5 000件。

8. 责任在我方。《联合国国际货物销售合同公约》第35条第(1)款明确规定:"卖方交付的货物必须与合同所规定的数量、质量和规格相符,并需按照合同所规定的方式装箱或包装。"显然是我方违反了合同的包装条款,我方应主动向对方道歉,以求得买方的谅解。

9. 我公司的上述做法不妥。《UCP 600》规定,在未明确规定数量机动幅度的情况下,卖方所交货物数量原则上应与合同或信用证规定完全一致,但在信用证支付下,只要支取金额不超过信用证金额,卖方所交货物数量可以有5%增减,但以包装或个数计数的则不适用。此案例中手套是以个数计数的,所以不可以有任何增减,必须按来证的要求装运。

10. 从此案我们可以看出,外贸公司为了达成交易,不顾工厂生产加工的局限性,对客户高品质的苛刻要求视而不见,强行签订合同,致使交货期非常紧迫,我方处于极为被动的地位。由此得出,对品质的要求一定要从生产加工的实际出发,考虑到实际交货的可能性,决不可以强求去做自己做不到的事情,这样做只能给自己带来烦恼和损失。

11. 买方要求合理,因为根据《联合国国际货物销售合同公约》规定,买方应按合同规定品质、数量、包装交货。卖方无视合同规定,将每箱24听,每听5瓣桔子的包装方式改为每箱26听,每听6瓣桔子。这种任意违反合同规定的做法直接侵犯了买方的利益,不符合当地市场消费者的习惯要求,并且卖方只在外包装箱上注明"MADE IN CHINA",而没有标示在每听罐头上,这都不适合在市场上销售,买方需要重新加工,这笔费用理应由卖方承担。买方对此有权提出赔偿损害要求,在合理要求得不到满足时,还可以拒收货物。

12. 根据来证的意思,应将自行车拆散后装入木箱(CKD, Complete Knocked Down 即完全拆散包装)。由于我方没有弄清来意,既未要求对方改证,也未按来证的规定办,即行装船,从而造成货证不符。当然进口国家海关要课以罚款和征收较高的关税(整件与散件的税率不一样,前者税率高,后者税率低)。对此,我方难辞其咎,理应考虑赔偿。

八、操作题

1. EHG/06BF01DK/SINGAPORE/NO. 1—20

2.(1)鱼粉　　　　　　　Fish Meal
蛋白质 55%以上　　　　Protein 55% Min.
脂肪 最高 9%　　　　　Fat 9% Max.
水分 最高 11%　　　　 Moisture 11% Max.
盐分 最高 4%　　　　　Salt 4% Max.

(2) 样品号 NT002 长毛绒玩具熊 尺码 24 英寸(Sample NT002 Plush Toy Bear Size 24)

(3) 光明牌婴儿奶粉(Bright Brand Infant Milk Powder)

(4) 柠檬酸钠 规格符合 1980 年版英国药典标准(Sodium Citrate Specifications in conformity with B. P. 1980)

第二章　商品的价格

一、名词解释

1. 贸易术语

Trade Terms，又称价格术语（Price Terms），它是用一个简短的概念或英文字母的缩写来说明商品的价格构成及买卖双方有关责任、费用和风险的划分，以确定买卖双方在交接货物过程中应尽的责任和义务。

2.《INCOTERMS 2020》

是《2020年国际贸易术语解释通则》的缩写，它对11种贸易术语做了解释，是至今有关贸易术语最重要的国际贸易惯例之一。

3. 国际贸易惯例

指在国际贸易长期实践中形成的具有普遍意义的一些习惯性做法和一般解释。

4. 象征性交货

指卖方按合同规定装运货物后，向买方提交合同规定的包括物权凭证在内的有关单证就算完成了交货义务，而无须保证到货。

5. FCA

英文全称为 Free Carrier(…named place)，即货交承运人（……指定地点），指卖方必须在合同规定的装运期内在指定地或地点将出口清关的货物交给买方指定的承运人监管，并负担货物被交由承运人监管为止的一切费用和货物灭失或损坏的风险。

6. FOB LINER TERMS

即 FOB 班轮条件，它是在租船运输方式下关于 FOB 术语装船费用负担的一种规定。按此变形，装船费用按班轮条件来办理，并由支付运费的一方即买方负担。贸易术语的变形，只变费用，不变风险。

7. DISCOUNT

即折扣，指卖方按原价给予买方一定百分比的减让，一般由卖方在付款时预先扣除。

8. FOBST

英文全称为 FOB Stowed and Trimmed，即 FOB 理舱并平舱，它是在租船运输方式下，关于 FOB 术语装船费用负担的一种规定。按此变形，卖方将货物装入船舱并负担包括理舱费和平舱费在内的装船费用。

9. COMMISSION

即佣金，又称手续费，是卖方或者买方付给"第三者"的报酬。

10. 换汇成本

即出口商获得每一单位外汇的人民币成本。

11. CFR

英文全称为 Cost and Freight(…named port of destination)，即成本加运费（……指定目的港），是指卖方必须在合同规定的装运期内在装运港将货物交至运往指定目的港的船上，承担货物装上船为止的一切货物灭失或损坏的风险及由于各种事件造成的任何额外费用，并负责租船订舱，支付至目的港的正常运费。

12. CIF EX SHIP'S HOLD

即 CIF 舱底交货，它是在租船运输方式下，关于 CIF 术语卸货费用负担的一种规定。按此变形，买方负担将货物从目的港船舱底起吊卸到码头的费用。

13. CPT

英文全称为 Carriage Paid to(…named place of destination)，即运费付至（……指定目的地），指卖方支付货物运至指定目的地的运费，在货物被交由承运人保管时，货物灭失或损坏的风险以及由于在货物交给承运人后发生的事件而引起的额外费用，都从卖方转移至买方。

14. CIP

英文全称为 Carriage and Insurance Paid to (…named place of destination)，即运费保险费付至（……指定目的地），指卖方支付货物运至目的地的运费，并对货物在运输途中灭失或损坏的买方风险取得货物保险，订立保险合同，在货物交由承运人保管时货物灭失或损坏的风险，以及由于在货物交给承运人后发生的事件而引起的额外费用，都从卖方转移至买方。

二、填空题

1.《1932 年华沙—牛津规则》；《1941 年美国对外贸易定义修正本》；《2020 年国际贸易术语解释通则》

2. EXW；DDP

3. FAS；FOB；CFR；CIF；EXW；FCA；CPT；CIP；DAP；DPU；DDP

4. FAS；FOB；CFR；CIF

5. FOB；CIF；CFR；FCA；CIP；CPT

6. 装船；卸货

7. 装运港船边交货;进口国完税后交货;指定地点交货

8. 风险的划分点与费用的划分点相分离

9. 卖方、买方、买方、买方、买方;卖方、卖方、买方、卖方、买方;卖方、卖方、卖方、卖方、卖方

10. 计量单位;计价货币;计价金额;贸易术语。USD100.00 per M/T FOB Shanghai

11. EXW;DDP

12. 硬币;软币

三、判断题

1. × 2. × 3. × 4. × 5. √ 6. × 7. √ 8. × 9. × 10. ×
11. × 12. × 13. √ 14. × 15. × 16. × 17. √ 18. √ 19. √
20. × 21. √ 22. × 23. √ 24. × 25. √ 26. × 27. × 28. √
29. × 30. √ 31. × 32. √

四、单项选择题

1. C 2. C 3. B 4. B 5. B 6. A 7. B 8. C 9. C 10. C 11. D
12. B 13. B 14. B 15. C

五、多项选择题

1. ABCD 2. ABC 3. ABD 4. ABCD 5. CD 6. ABC 7. ABCE
8. CDE 9. BCDE 10. ABCDE

六、简答题

1. 简化了交易洽商的内容,缩短了成交过程,节省了业务费用。

2. 国际贸易惯例是在长期的国际贸易实践中逐渐形成的具有普遍意义的一些习惯做法和一般解释。

国际贸易惯例本身不是法律,对贸易双方不具有法律的强制性。因此,买卖双方可以在合同中做出某些与惯例不符的规定,只要合同有效成立,双方均要按合同的规定履行,一旦发生争议,法院和仲裁机构均要维护合同的有效性。但是,国际贸易惯例是国际贸易法律的渊源之一,它对贸易实践仍具有重要的指导作用。

3. 将CIF价称为"到岸价"是错误的。因为,首先,CIF的交货地点在装运港的船上,而"到岸价"的提法应理解为其交货地点在目的港。其次,CIF属象征性交货,交单即交货,而"到岸价"只能是实际交货。再次,风险的划分界限不同,CIF的卖方承担货物在装运港装上船为止的风险,而"到岸价"的卖方理应承担货物运到目的港为止的风险。此外,在费用负担上,CIF的卖方只负担货

物运至目的地的正常运费和保险费,而不是到达目的港前的所有费用,并且卖方是为了买方的利益进行投保,属于代办性质。由此可见,CIF 不是"到岸价",而是装运港船上交货的条件。

4. FOB:装运港船上交货,Free on Board(…named port of shipment)

CFR:成本加运费,Cost and Freight(…named port of destination)

CIF:成本加保险费、运费,Cost, Insurance and Freight(…named port of destination)

FCA:货交承运人,Free Carrier(…named place)

CPT:运费付至,Carriage Paid To(…named place of destination)

CIP:运费、保险费付至,Carriage and Insurance Paid to(…named place of destination)

5. FOB、CFR 和 CIF 三种贸易术语虽然分处于 F 组和 C 组,但他们有以下共同之处:

(1)交货地点都是在装运港指定的船上。

(2)风险转移都是以越过船舷为界线。

(3)三者均属于象征性交货,单据买卖。

(4)它们都适合于海洋运输。

(5)卖方都要自负风险和费用,取得出口许可证,并办理出口手续。

(6)买方都要自负风险和费用,取得进口许可证,并办理进口手续。

三种术语的主要区别是:

(1)租船订舱的责任不同。

FOB 条件下,由买方租船;CFR、CIF 条件下,由卖方租船。

(2)承担保险责任不同。

FOB、CFR 条件下,由买方办理保险;CIF 条件下,由卖方办理保险。

(3)承担费用方式不同。

FOB 条件下,由买方负担运费、保险费;CFR 条件下,由卖方负担运费,买方负担保险费;CIF 条件下,由卖方负担运费和保险费。

6. (1)FOB 班轮条件(FOB LINER TERMS),按此变形,装船费用按班轮条件来办理,即由支付运费的一方——买方负担。

(2)船上交货并理舱(FOB STOWED),指卖方负责将货物装入船舱,并负担包括理舱费在内的装船费用。

(3)船上交货并平舱(FOB TRIMMED),指卖方负责将货物装入船舱并负担包括平舱费在内的装船费用。若买方租用自动平舱船时,卖方应退回平舱费用。

(4)FOB吊钩下交货(FOB UNDER TACKLE),指卖方将货物运到船舶吊钩所及之处,从货物起吊开始的装船费用由买方负担。由于吊钩下交货可能在码头,也可能在驳船,而且大件货物涉及岸吊和浮吊的租用,易引起争议,因此一般不用此变形。

还有如:FOB STOWED AND/OR TRIMMED；FOB STOWED AND SECURED;FOB STOWED AND LASHED等等。

以上FOB变形只涉及装船费用,风险划分不变。

7. CIF与CFR贸易术语变形是一样的。下面以CIF为例说明:

(1)CIF班轮条件(CIF LINER TERMS),指卸货费用按班轮条件办理,即由支付运费的一方(卖方)负担。

(2)CIF舱底交货(CIF EX SHIP'S HOLD),指买方负担将货物从目的港船舱舱底起吊卸到码头的费用。

(3)CIF卸到岸上(CIF LANDED),指货物到达目的港后,包括驳船费和码头捐在内的卸货费由卖方负担。此变形一般不采用。

(4)CIF吊钩交货(CIF EX TACKLE),指卖方负担货物从舱底吊至船边卸离吊钩为止的费用。

8. FOB术语下,装卸费一般由买方负担,但在租船运输时的租船费应视FOB术语的变形而定。其中,FOBS和FOBT是指由卖方支付装船费,包括理舱费和平舱费。

CFR、CIF术语下,装卸费一般由卖方负担,但在租船运输时的卸货费应视贸易术语的变形而定。其中,CFR(或CIF)EX Ship's Hold指买方负担将货物从舱底起吊卸到码头的费用,CFR(或CIF)EX Tackle指买方负担卸离吊钩后的费用,包括可能发生的驳船费和码头费等。

9. 联系:FCA、CPT、CIP三种价格术语是分别从FOB、CFR、CIF三种价格术语发展起来的,其责任划分的基本原则是相同的。

主要区别如下:

(1)适用的运输方式不同。

FOB、CFR、CIF三种术语仅适用于海运和内河运输；FCA、CPT、CIP则适用于各种各样的运输方式。

(2)交货的地点不同。

FOB、CFR、CIF的交货地点均为装运港指定的船上,而FCA、CPT、CIP视不同的运输方式和不同的约定而定,它可以是在卖方处所由承运人提供的运输工具上,也可以是在承运人或多式联运承运人的运输站。

(3)风险划分界线不同。

FOB、CFR、CIF 的风险以货物在装运港越过船舷为界线,而 FCA、CPT、CIP 以货物交承运人为风险划分界线。

(4)装卸费用负担不同。

在使用租船运输的 FOB 及 CFR、CIF 合同中,应明确装船费用及卸货费用由何方负担,从而产生相应的贸易术语变形;而在 FCA、CPT、CIP 的合同中,不管是班轮输运还是租船运输,买方(或卖方)付给承运人的运费中都包含装卸费,所以买卖双方就不须再细分装卸费用由何方承担。

(5)运输单据不同。

在 FCA、CPT、CIP 术语下,卖方应视具体的运输方式而提供合格的海运提单、内河运单、铁路运单、公路运单、航空运单或多式联运单据。

(6)投保的险别不同。

在 FOB、CFR、CIF 术语下,买方或卖方应投保海运货物运输险;而在 FCA、CPT、CIP 下,卖方应视具体的运输方式而投保海、陆、空、邮货物保险的险别。

10.(1)DES(目的港船上交货)属目的港交货贸易术语,CIF EX SHIP'S HOLD(CIF 舱底交货)属装运港交货的贸易术语 CIF 的变形之一。按这两种术语成交,相同点为:卖方均需办理出口报关,负责货物从出口国运到进口国的租船、订舱、投保。

但在交货地点、费用、风险划分界线、交货性质、付款前提及保险性质等方面是不同的,具体列表如下:

术语	风险	交货地点	交货性质	付款前提	保险性质	费用
DES	目的港船上货交买方	目的港船上	实际交货	货交买方	为卖方利益	卖方承担目的港船上交货前的一切费用
CIF EX SHIP'S HOLD	装运港货物越过船舷	装运港指定船上	象征性交货	交单	为买方利益属代办性质	卖方承担目的港舱底交货前的正常运费

(2)FAS(装运港船边交货),FOB UNDER TACKLE(FOB 吊钩下交货),这两个术语的相同点为:均属于装运港交货的贸易术语;均需卖方办理出口报关;均需买方办理租船订舱、投保及进口报关。

上述两个术语的区别如下:

贸易术语	交货地点	风险	交货性质
FAS	装运港指定的船边	装运港货交船边	实际交货
FOB Under Tackle	装运港指定的船上	装运港货物越过船舷	象征性交货

11. 这是因为在 CFR 术语条件下,卖方负责租船订舱、装货,买方自行办理货物运输保险。为了在货物装船完毕后,买方能及时投保,防止延误投保及可能发生的漏保,卖方须及时向买方发一份已装船通知。

12. 北京 A 公司提出此项要求的出发点是:(1)减少风险;(2)降低费用;(3)提前结汇。B 公司提出此项要求的出发点是:(1)减少风险;(2)降低费用;(3)推迟付汇。

七、计算题

1. 应报价 FOBC 2% 青岛每公吨 1 530.61 美元。

2. 应报价 FOBC 5% 上海每件 825.36 英镑。

3. 我方应向对方收取货款 1 500 美元。收款后支付佣金 45 美元。含 5% 佣金的报价为:每箱 10.21 美元。

4. 换汇成本为 7 元人民币/美元;盈亏率是 9.286%。

5. FOBC 2% = 66.13(美元/箱)。

八、案例分析题

1. 卖方应坚决拒绝买方的要求,并凭符合规定的单据要求买方付款。这是由 CIF 贸易术语的性质决定的。在 CIF 条件下,货物风险在货物于装运港装上船时就已经由卖方转移至买方,并且 CIF 合同是凭单交货,凭单付款,卖方不负责货物一定到达指定目的港的责任,只要卖方提交了符合要求的单据,买方就应支付货款。该案例中货物损失的风险应由买方承担,买方不能因此拒收单据,拒付货款,买方应持保险单向保险公司索赔。

2. 乙公司有权要求甲公司履行义务或者要求赔偿损失。因为尽管按照 CFR 条件,在货物于装运港越过船舷时风险已经由卖方转移至买方。但在本案中,卖方无法确定 500 辆卡车中哪 40 辆卡车是出售给乙公司的。乙公司完全有理由相信属于他的 40 辆卡车未被冲入海里,而是已经安全运抵目的港的 460 辆中的一部分。也就是说甲公司由于未将出售给乙公司的货物特定化,货物风险并不因货物在装运港越过船舷而发生转移。所以,乙公司的要求合理。

3. 该合同订法不妥当。不妥之处如下:

(1)由于 CIF 术语成交的合同属象征性交货,只需保证按时装运和交单,无需保证何时到货。所以合同中订立的"保证载货轮船不得迟于 12 月 2 日抵达目的港"这一要求是不妥当的。

(2)由于 CIF 术语成交的合同属单据买卖,卖方凭全套合格单据要求买方履行付款责任。即买方付款的依据是卖方所交的单据是否合乎要求,而不是货物实际是否及时运达目的港。所以,合同中订立的"……否则,买方有权取消合同,如货款已经收妥,则须退还买方"这一要求也是不妥当的。

4.(1)美国公司的要求合理。因为根据《1941 年美国对外贸易定义修订本》的规定,按 FOB Vessel 条件成交,出口手续应由进口方办理,相关的费用也应由进口方承担。

(2)我公司有失误。失误在成交时并未明确规定该笔交易按《INCOTERMS 2020》办理。

(3)通过本案例,我认为在同美国等北美国家签订合同时,有关价格条款的规定应明确规定按《INCOTERMS 2020》办理,否则容易产生争议。

5.提示:原理同上题。

6.CFR 条件下,虽然货物风险于装运港越过船舷(现为装上船为止)时转移给买方,但由于卖方遗忘了装船通知,没有尽到及时通知的义务,使得买方无法对货物投保而通过保险公司分散其风险,所以由此导致的货物损失,卖方负有不可推卸的责任。

7.我方的想法不妥。其理由有:(1)按 CIF 条件成交,卖方承担的是在装运港装上船为止的风险,装船后的风险应由买方承担;(2)CIF 是一种象征性的交货术语,卖方只需在装运港装船后将全套单据提交,即算完成了交货义务;(3)在 CIF 条件下,虽然由卖方办理保险,但该种保险为代办性质的保险。因此该案例中,我方既不需退款,也不需向保险公司索赔,应建议买方直接向保险公司索赔。

8.本案例中我方进口时采用的是 CFR 贸易术语。CFR 贸易术语是由卖方租船订舱,即由出口方租船订舱。此案例中,出口方选择的是一家小运输公司,资金、信用都比较差,以致货物运走后就宣告破产,船货均失踪。由上可知,在进口业务中应尽量争取采用 FOB 贸易术语成交,这样就可以由买方租船订舱,从而避免由卖方负担运输可能导致的风险和损失。

九、操作题

1.均错。可改为:

(1)每码 3.50 美元 CIF 香港;

(2)每箱 400 英镑 CFR 伦敦;

(3)每公吨 1 000 美元 FOB 上海;

(4)每打 200 欧元 CFR 净价伦敦；

(5)每箱 1 000 美元 CIF 伦敦减 1％的折扣。

2.(1)US＄300 per metric ton FOB Shanghai net；

(2)US＄335 per metric ton CIFC 2％ New York；

(3)US＄300 per metric ton FOB Shanghai less 2％ discount；

(4)US＄300 per metric ton FOBC 2％ Shanghai less 2％ discount。

第三章 货物的运输

一、名词解释

1.班轮运输

又称定期船运输(Regular Shipping Liner)，是指船舶按照固定的港口、航线和事先公布的船期表从事运输业务，并按固定的费率收取运费。

2.租船运输

指租船人在租船市场上通过洽租、签约向船东或二船东包租整船装运货物。

3.定程租船

是租船方式的一种，指按航程租赁船舶。

4.定期租船

是租船方式的一种，指按期限租赁船舶。

5.速遣费、滞期费

滞期费是指在程租船运输中，负责装卸货物的一方未能按合同约定的装卸期限完成货物的装卸，则需向船方交纳延误船期的罚款。而速遣费是指负责装卸货物的一方在合同约定的装卸期限内提前完成货物装卸作业，可以从船方取得的奖金。按惯例，通常速遣费是滞期费的一半。

6.清洁提单

指货物装船时"表面状况良好"，未加有关货损或包装不良之类批语的提单。

7.指示提单

指在提单的收货人栏内填写"凭指示"(To order)或"凭××指示"(To the order of)的字样，这种提单可以通过背书转让给第三者，故又称为"可转让提单"。

8.联运提单

指在海运和其他运输方式所组成的联合运输方式下，由承运人或其代理人在货物的起运地签发运往货物最终目的地,并能凭以提货的提单。

9. 海运提单

承运人或其代理人在收到承运货物时签发给托运人的一种单据,它体现了托运人和承运人的关系,提单的主要性质和作用为:货物收据、物权凭证、运输契约的证明。

10. 国际多式联运

是在集装箱运输的基础上产生和发展起来的,以集装箱为媒介,把海、陆、空等各种单一的运输方式有机地结合起来,组成一种国际间的货物运输。

11. 空白抬头、空白背书提单

指凭指示,并经空白背书的提单。

12. F. I. O. S. T.

指在程租船运输中,船方不负担包括平仓费和理仓费在内的装卸货费用。

13. 倒签提单

货物实际装船的日期晚于信用证或合同上规定的装运日期,托运人为了使提单日期与信用证或合同规定的装运日期相符,要求承运人按信用证或合同规定的装运日期签署提单,这就叫做倒签提单。

14. 预借提单

货物实际装船的日期早于信用证或合同上规定的装运日期,托运人为了使提单日期与信用证或合同规定的装运日期相符,要求承运人按信用证或合同规定的装运日期签署提单。

15. Stale B/L

即过期提单,是指晚于信用证规定的期限递交的提单,也称迟期提单。

二、填空题

1. 班轮运输;租船运输

2. 航线固定;停靠港口固定;船期固定;相对固定的运费率

3. 按货物的毛重计费;按货物的体积或容积计费;按货物 FOB 价格的一定百分比计费;按货物的件数计费;按船货双方的临时协定计费;按起码运费计费

4. 船方不负担装卸 FIO;船方负担装不负担卸 FO;船方负担卸不负担装 FI;船方负担装管卸 GROSS TERMS

5. 班机运输;包机运输;集中托运;航空快件

6. 记名提单;不记名提单;指示提单

7. 20;高

8. 定程租船;定期租船;光船租船

9. 大副收据

10. 预借提单;倒签提单;过期提单

11. 整箱交整箱接 FCL/FCL;整箱交拆箱接 FCL/LCL;拼箱交拆箱接 LCL/LCL;拼箱交整箱接 LCL/FCL

三、判断题

1. √ 2. × 3. √ 4. √ 5. × 6. × 7. × 8. √ 9. √ 10. √
11. √ 12. × 13. × 14. × 15. × 16. √ 17. × 18. × 19. ×
20. × 21. × 22. √ 23. √ 24. √ 25. √ 26. ×

四、单项选择题

1. B 2. A 3. C 4. C 5. A 6. C 7. C 8. A 9. B 10. C 11. B
12. B 13. B 14. A 15. B 16. B 17. B 18. B 19. B 20. B 21. A
22. B 23. A 24. D

五、多项选择题

1. BCD 2. BCDE 3. BCD 4. ABC

六、简答题

1. (1)船舶按照固定的船期表,沿着固定的航线和港口来往运输,并按照相对固定的运费率收取运费;

(2)由船方负责配载装卸,装卸费包括在运费中,货方不再另支付装卸费,船货双方也不计算速遣费和滞期费;

(3)船货双方的权利、义务和责任豁免以船方签发的提单条款为依据;

(4)班轮运输货物的品种、数量比较灵活。

2. 班轮提单的性质和作用主要有:它是货物收据、物权凭证和运输契约的证明;铁路运单、航空运单及邮包收据等是运输合同、货物收据,但不是物权凭证,不能背书转让。

3. 班轮运费一般有以下八种计算标准:

(1)按 W 即按货物的重量吨(毛重)收取基本运费;

(2)按 M 即按货物的尺码吨(体积)收取基本运费;

(3)按 W/M 即按货物的重量吨或尺码吨中收费较高的一种计收运费;

(4)按 A.Val 即按货物的 FOB 价的百分之几收费;

(5)按 W/M or A.Val 即由船公司选择三者中收费较高的一种;

(6)按 W/M puls A.Val 即由船公司确定"W"或"M"中较高者再加百分之若干的"从价"运费收费;

(7)按货物的件数收费;

(8) 按议价,即对于大宗低值货物,由货主与船公司临时协议运费计价。

4. 国际货物买卖合同中通常要明确规定装运港和目的港。但如果在达成交易时,国外进口商对货物尚未找到合适买方,为便于进口商卖路货,可根据外方要求,接受采用"选择港"的做法,即合同规定卖方可于运输途中在规定的港口中任选一个作为目的港。但在接受"选择港"条款时,应当注意合同中规定"选择港"的港口数目一般不超过3个;备选港口必须是在同一条航线上,而且一般是班轮公司的船只都能挂靠的港口,即班轮的寄航港(port of call);在核定出口价格和计算运费时,应按备选港口中最高的费率和附加费计算,如按一般费率核定出口价格,则应在合同中明确规定因选择港而增加的运费、附加费均由买方负担。

5. 规定"收到信用证后若干天内装运"的优点是不至于因为买方申请不到进口外汇和进口许可证,无法开证而受损,缺点是卖方比较被动,因为卖方的交货受买方开证的限制。防范的措施:卖方在合同中规定,买方的信用证最迟需于某年某月前开到卖方。

6. 租船运输是指租船人向船东租赁船舶用于运输货物的业务。它没有预订的船期表,船舶经由的航线、停靠的港口、航行的时间、运费及运输货物的种类均不固定,而由租船双方具体议定,所以又称不定期船运输。租船主要有定程租船(又称航次租船或程租船)、定期租船(又称期租船)和光船租船三种方式。

7. 采用OCP条款时,必须满足以下四个条件:

(1) 货物最终目的地必须属于OCP地区范围;

(2) 货物必须经由美国西海岸港口中转,因此签订CFR和CIF出口合同时,目的港必须是美国西海岸港口;

(3) 提单上必须表明"OCP"字样,并且在提单目的港一栏中除填明美国西部海岸港口名称外,还要加注最终内陆地区的城市名称;

(4) "唛头"的目的港城市名称下,须加注"OCP"及最终目的地城市名称。

8. (1) 有一个多式联运合同,合同中明确规定多式联运经营人与托运人之间的权利、义务、责任和豁免;

(2) 必须是国际间两种或两种以上不同运输方式的连贯运输;

(3) 使用一份包括全程的多式联运单据,并由多式联运经营人对全程运输负总责;

(4) 必须是全程单一的运费率,其中包括全程各段运费的总和、经营管理费用和合理利润。

9. 凡一笔交易的货物分若干次装运,则叫分批装运或部分发运。

《UCP 600》第 31 条对部分发运做了如下规定：

(1)允许部分支款或部分发运。

(2)表明使用同一运输工具并经由同次航程运输的数套运输单据在同一次提交时，只要显示相同目的地，将不视为部分发运，即使运输单据上表明的发运日期不同或装货港、接管地或发运地点不同。如果交单由数套运输单据构成，其中最晚的一个发运日将被视为发运日。

含有一套或数套运输单据的交单，如果表明在同一种运输方式下经由数件运输工具运输，即使运输工具在同一天出发运往同一目的地，仍将被视为部分发运。

(3)含有一份以上快递收据、邮政收据或投邮证明的交单，如果单据看似由同一快递或邮政机构在同一地点和日期加盖印戳或签字并且表明同一目的地的，将不视为部分发运。

10. 上述提单符合信用证的规定。因为提单上加注了"6 月 3 日装船"，该提单就成了已装船提单。

七、计算题

1. 应报价每公吨 2 020 美元 CFR 伦敦；若再征收以上两种附加费，则应报价每公吨 2 034 美元 CFR 伦敦。

2. 换汇成本：100 美元＝642.86 元人民币。

3. 该商品的出口换汇成本为 7.20 元人民币/美元；盈亏率为 6.26%。

4. 每箱 FOB 价为 42.98 美元。

5. 该批货物应付运费 120 美元。

6. 23.17%。

八、案例分析题

1. 从信用证项下我方能否如期收回货款考虑，这样做是可以的。因为：

(1)信用证一旦开立就成为独立于合同以外的另一种契约，银行不管合同条款，只要我方不违反信用证规定，做到单证一致，即可收取货款。所以，本案例中信用证条款与合同条款不符时，应按照信用证办理。

(2)信用证中笼统规定"最迟装运期 6 月 30 日，分数批装运"。所以我方可以在 6 月 30 日前发出上述 15 000 箱货物，至于分几批，可由我方确定。所以，本案例中我方的做法是可以的。

但如果买方凭合同向我方提出异议，我方是要承担违约责任的。虽然本案例中的做法可以如期结汇，但为防日后麻烦，我方应采取等量分批的做法，这既符合了合同规定，又满足了信用证的要求。

2. 卖方没有违反信用证的规定。《UCP 600》第 31 条 b 款规定:"表明使用同一运输工具并经由同次航程运输的数套运输单据在同一次提交时,只要显示相同目的地,将不视为部分发运,即使运输单据上表明的发运日期不同或装货港、接管地或发运地点不同。"因此我方做法并不构成分批装运,没有违反信用证的规定。

3.(1)本案例的做法属于分批装运。因为根据《UCP 600》第 31 条 b 款规定,同一船只、同一航次中多次装运货物,即使提单表示不同的装运日期(或)不同装货港口,只要运输单据注明的目的地相同也不视为分批装运。但本案例中 3 月 30 日货装"万泉河"轮,4 月 2 日货装"风庆轮",即:非同一船只。所以,应视作分批装运。

(2)卖方能安全结汇。因为卖方按信用证规定在 3~4 月,每月装 5 000 件,符合信用证装运条款的要求。另外,信用证属于单据买卖,只要单据相符,银行就保证付款。

4.(1)买方不能以此为理由主张以后各批交货的撤销,他只能对第五批货物向卖方提出索赔。因为对于一个分批交货合同,各批交货都应视为一个独立的合同,况且成交的是大米,某一批交货的品质有霉变,不一定影响其他各批货物的品质,因大米品质没有相互依存的关系。其次,买方也无其他充分理由断定,因卖方第五批交货品质不符,今后各批交货都是品质不符的。但由于第五批大米确实品质不符,所以能就这一批提出索赔。

(2)若成交的是一套大型机械设备,其中一批品质违反合同(若又是根本性违约),那么买方不但可以宣告从这一批开始的以后各批货物失效,而且还可提出退回过去已交付的几批货款。因为对于一套大型机械设备的分批交货,各批之间的品质是相关联的。

(3)若凭 L/C 结汇,卖方违反的是交货期,那么买方可以宣告从这一批开始的以后各批均告失效。因为《UCP 600》第 32 条明确规定:"如信用证规定在指定的时间段内分期支取或分期发运,任何一期未按信用证规定期限支取或发运时,信用证对该期及以后各期均告失效。"

5.我方应拒绝对方的索赔,理由如下:

(1)我方已按信用证的规定将货物如期装上直达班轮,并提供了直达提单,卖方义务已履行;

(2)按 CIF 条件成交,在装运港货物越过船舷时风险已转移,货物何时到达、是否到达目的港均与卖方无关;

(3)我方可建议买方凭直达提单向承运人进行运输索赔。

6.我方应从中吸取的主要教训为：

(1)进出口业务中,客户资信如何事关重大,特别是按信用证支付方式时,开证行仅凭单据付款。所以,与新客户做大宗买卖时,更应对对方的资信作深入的调查了解,以防上当受骗。

(2)对于初级产品等大宗货物交易,在正常情况下,应当争取按FOB条件成交。

(3)若必须采用CIF或CFR条件成交,我方亦可在信用证中规定一些条款,对船舶提出适当要求,如货物必须装经我方同意的轮船。

九、操作题

参考答案：

(1)托运人：中国龙江贸易公司

(2)收货人：To Order(凭指定)

(3)通知人：日本大成贸易公司(Osaka,Japan)

(4)船名：长江

(5)标志和号数：

> J. D. A.

Osaka Japan

CT－2016－321

Nos. 1 000

(6)件数：1 000袋

(7)运费和其他费用：Freight Prepaid(运费已付)

(8)签单日期：2016年3月15日

第四章　货物运输保险

一、名词解释

1.单独海损

指除共同海损以外的,仅由受损者单独负担的部分损失。

2.General Average

即共同海损,是指载货的船舶在海运途中遇到灾害、事故,威胁到船、货的共同安全,为了解除这种威胁,维护船、货的安全或者使航程得以继续完成,由船方有意识地、合理地采取措施所做出的某些特殊牺牲或支出某些额外费用。

3.实际全损

指被保险货物完全灭失或完全变质,或货物实际上已不可能归还被保险人。

4. 推定全损

指货物发生保险事故后,实际全损已经不可避免,或者为了避免发生实际全损所需支付的费用与继续将货物运抵目的地的费用之和超过保险价值。

5. W/W Clause

即仓至仓条款,指保险公司所承担的保险责任从被保险货物运离保险单所载明的装运港(地)发货人仓库开始,直到货物到达保险单所载明的目的港(地)收货人仓库时为止。当货物一进入收货人仓库,保险责任即行终止。

6. T. P. N. D.

即偷窃、提货不着险,指在保险有效期内,被保险货物被偷走或窃走,以及货物运抵目的地后,货物整件未交的损失。

7. 可保权益

又称保险利益,是指投保人对保险标的具有法律上承认的利益。

8. OPEN POLICY

即预约保险单,又称为"开口保险单",是经常有相同类型货物需要陆续分批装运时所采用的一种保险单。

9. 卖方利益险

指在 FOB(FCA)或 CFR(CPT)条件下采用了非信用证结算方式,万一货物在运输途中受损,买方又拒不付款赎单时,若卖方事先投保了这一险别,可由保险公司赔偿卖方的损失。

10. 出口信用保险

由国家专营的保险公司或国家指定的金融机构开办的一种信用保险,属于政策性保险,是国家鼓励出口的一项措施。其承保的是进口商的信用风险和进口国的政治风险。

11. 施救费用

指被保险的货物在遭遇保险责任范围内的灾害事故时,被保险人或其代理人为防止损失扩大而采取措施抢救所支出的费用。

12. 绝对免赔率

指保险公司只负责赔偿超过免赔率的部分损失。

13. 相对免赔率

指当损失超过规定的免赔率时,则全部损失都赔,如未超过则不赔。

14. 委付

指被保险人在保险标的处于推定全损状态时,以书面提出申请,愿将保险标的的一切权益,包括财产权及由此而产生的权利义务转让给保险人,而要求保险人按全损给予赔偿的行为。

15. 保险金额

又称投保金额,是指被保险人向保险公司投保的金额,也是保险公司承担的最高赔偿金额,还是计算保险费的基础。

二、填空题

1. 共同海损;单独海损;全部损失;部分损失

2. 基本险;附加险

3. 可保利益

4. 保险公司;保险金额;保险险别;保险货币

5. 造成损失的成因不同;承担损失的后果不同

6. 3.3万

7. 陆运险;陆运一切险;仓至仓条款

8. 110%

9. 航空运输险;航空运输一切险

10. 邮包险;邮包一切险

11. 货物全部卸离运输工具后满2年

12. 平安险;水渍险;一切险;ICC(C);ICC(B);ICC(A)

三、判断题

1. × 2. × 3. √ 4. × 5. × 6. × 7. × 8. × 9. × 10. ×
11. √ 12. × 13. × 14. × 15. √ 16. √ 17. √ 18. √ 19. ×
20. × 21. √ 22. × 23. × 24. × 25. √ 26. √ 27. √ 28. ×
29. √ 30. × 31. √ 32. √ 33. × 34. √ 35. √ 36. × 37. ×
38. ×

四、单项选择题

1. C 2. B 3. B 4. D 5. C 6. C 7. B 8. B 9. B 10. B 11. B
12. C 13. C 14. A 15. C 16. C 17. C 18. A 19. A

五、多项选择题

1. ACD 2. ABD 3. ABCD 4. AE 5. ABCDE 6. AB 7. BCDE
8. BC

六、简答题

1. 构成共同海损必须具备下列条件:

(1)共同海损的危险必须是实际存在,不是主观臆测的;

(2)必须是为了维护船、货等方面的共同安全;

(3)必须是人为的,有意识的行为;

(4)必须是属于非常性质的损失(包括牺牲和费用);

(5)必须是合理的,有成效的行为。

2.实际全损和推定全损虽然都名为"全损",但两者之间还是有区别的。

(1)实际全损时,保险标的确实已经或不可避免地要完全丧失,被保险人自然可以向保险人要求全部赔偿,而不需要办理委付手续。

(2)推定全损时,保险标的受损,但并未完全丧失,是可以修复或者可以收回的,只是所支付的费用将超过保险标的物的保险价值而已。因此,被保险人可以向保险人办理委付,要求保险人按全损赔偿,也可以不办理委付而保留对残余货物的所有权,由保险人按部分损失进行赔偿。

3.平安保险负责承保对于自然灾害造成的下列部分损失:只要运输工具曾经发生搁浅、触礁、沉没、焚毁等意外事故,不论这意外事故发生之前或之后曾在海上遭遇恶劣气候、雷电、海啸等自然灾害所造成的被保险货物的部分损失。

4.我国海洋运输货物保险的基本险别有平安险、水渍险和一切险。

保险公司对平安险的责任范围如下:

(1)在运输过程中,由于自然灾害造成被保险货物的实际全损或推定全损。

(2)由于运输工具遭遇搁浅、触礁、沉没、互撞、与流冰或其他物体碰撞以及失火、爆炸等意外事故造成被保险货物的全损或部分损失。

(3)只要运输工具曾经发生搁浅、触礁、沉没、焚毁等意外事故,不论这意外事故发生之前或者之后曾在海上遭遇恶劣气候、雷电、海啸等自然灾害所造成的被保险货物的部分损失。

(4)在装卸转船过程中,被保险货物一件或数件整件落海所造成的全部损失或部分损失。

(5)被保险人对遭受承保责任内的危险货物采取抢救、防止或减少货损的措施所支付的合理费用,但以不超过该批被毁货物的保险金额为限。

(6)运输工具遭遇海难后,在避难港由于卸货引起的损失以及在中途港或避难港由于卸货、存仓和运送货物所产生的特殊费用。

(7)共同海损的牺牲、分摊和救助费用。

(8)运输契约中订有"船舶互撞条款"的,则根据该条款的规定,应由货方偿还船方的损失。

保险公司对水渍险承担的责任范围如下:

水渍险的责任范围除包括上述"平安险"的各项责任外,还负责被保险货物由于恶劣气候、雷电、海啸、地震、洪水等自然灾害造成的部分损失。

保险公司对一切险承担的责任范围如下：

一切险的责任范围除包括"平安险"和"水渍险"的所有责任外，还包括货物在运输过程中因一般外来原因所造成的被保险货物的全损或部分损失。

5. 我国海洋运输货物保险条款中的附加险有一般附加险和特殊附加险两种。一般附加险共 11 种险别：(1)偷窃、提货不着险；(2)淡水雨淋险；(3)短量险；(4)混杂、沾污险；(5)渗漏险；(6)碰损破碎险；(7)串味险；(8)受潮受热险；(9)钩损险；(10)包装破裂险；(11)锈损险。

特殊附加险共 8 种：(1)战争险；(2)罢工险；(3)舱面险；(4)进口关税险；(5)拒收险；(6)黄曲霉素险；(7)交货不到险；(8)货物出口到香港(包括九龙)或澳门存舱火险责任扩展条款。

投保一切险时，包括 11 种一般附加险，但是不包括 8 种特殊附加险。

6. 以 CIF 或 CIP 条件出口，合同中的保险条款应包括下述内容：

(1)保险的责任方为卖方；

(2)保险险别；

(3)保险金额；

(4)保险条款，如：CIC 保险条款或 ICC 保险条款。

7. 预约保险属于自动承保的、长期性的保险方式，是为了简化保险手续，防止因漏保或迟保而造成的无法弥补的损失。它一般适用于自国外进口的货物或经常有相同类型货物需要陆续分批装运的情况。

预约保险对被保险人的好处为：

(1)适应经常有大量货物装运的被保险人的需要，简化投保手续，避免逐笔办理保险；

(2)防止因漏报或迟保而造成的无法弥补的损失；

(3)预约保险没有"总保险金额"的规定和限制，因而预约保险单下的被保险人对其所装运的货物没有得不到保障之虑；

(4)该保险费是在货物装运之后，在约定的时间内按照已实际装运的货物计算收取，因而被保险人不会受到资金积压的损失；

(5)被保险人的申报如有遗漏或差错，即使货物已经发生损失，只要不是出于恶意，事后仍可更正，保险人仍须按规定负责赔偿。

8. 所谓可保权益，是指投保人对保险标的具有法律上承认的利益。就外贸业务而言，主要是货物本身的价值，也包括与此相关的运费、保险费、关税、预期利润等。

9. 保险人只对具有可保利益的被保险人赔偿保险责任范围内的损失。按

FOB 或 CFR 条件出口，进口方的保险利益自货物在装运港越过船舷才开始，所以由进口方办理保险，保险人承担责任也仅承担货物在装运港越过船舷起的风险，对装船前发生的货损则不予赔偿。

10. 保险单的主要种类有：保险单、保险凭证、联合凭证和预约保险单等。保险单证既是保险公司对被保险人的承保证明，也是保险公司和被保险人之间的保险契约，它具体规定了保险公司和被保险人的权利和义务。在被保险货物遭受损失时，保险单证是被保险人索赔的依据，也是保险公司理赔的主要依据。在国际贸易中，保险单证是可以转让的。

七、计算题

1. 203.19 美元。

2. 这笔业务的投保金额为 13 200 美元，保险费为 132 美元。

3. 应赔偿 5 040 美元。

4. 2 002.4 美元。

5. 1 907.79 美元。

八、案例分析题

1. 该项损失应由卖方负责。CFR 术语成交，买卖双方风险划分点是装运港船舷，该项损失发生在装船之前，当由卖方负责。

即使对方已向保险公司办理了保险，买方的保险公司也会拒绝赔付。因为在货运保险业务中，被保险人在保险标的发生损失时必须具有保险利益，保险公司才给予赔偿。而此案损失发生时，买方对该批货物尚未具有保险利益，买方的保险公司并无赔付的义务。

2. 被火焚烧的那部分文具用品属于单独海损；被水浸泡的那部分文具用品及全部茶叶属于共同海损。文具用品的货主只需投保平安险，即可得到损失赔偿，因为被火焚烧的文具用品损失和被水浸泡的文具用品损失均属平安险的责任范围。茶叶货主也只需投保平安险即可获得全部赔付，因为其损失计入共同海损分摊的部分，属于平安险的责任范围。

3. 保险公司可以拒赔。理由是：根据"仓至仓条款"的规定，保险货物需转运到非保险单所载明的目的地时，保险公司的承保责任以保险单载明的货物开始转运时终止。本案例的货物是在由黄浦港装火车运往南京途中遇到山洪，致使部分货物受损的，因此保险公司可以不赔。

4. (1)和(3)是因意外的失火事故而导致的船、货单方面直接损失，属于单独海损。

(2)、(4)和(5)是为了维护船、货的共同安全，并使航程得以顺利完成而造成的牺牲和支付的额外费用,属于共同海损。

5. 应该赔偿。根据中国人民保险公司平安险承保责任范围的规定,货物在装卸和转运过程中,由于一件或数件整件货物落海所造成的全部或部分损失,保险公司应负责赔偿。如按 FOB 或 CFR 条件成交,则保险公司不予赔偿,因为此时货物没有越过船舷,买方并无可保权益。

6. 前一个 450 台拖拉机卷入海中的损失属于单据海损,因为它是灾害事故直接造成的。后一个 550 台拖拉机的损失属于共同海损,因为它是为了船货双方的共同安全,船方有意采取的合理措施。

7. 300 箱货物被烧毁,属于单独海损,其他三种情况都属于共同海损。因为货物被烧毁是由意外事故直接造成的,而货物遭水渍是由于灌水灭火,人为原因造成的。

8. 因触礁,船身撞出一个大洞属于单独海损,因为是由意外事故直接造成的;货物遭水渍及搁浅而造成的损失属于共同海损,因为这是船方为了船、货双方的共同安全有意采取的合理措施。

9. 两种情况都属于部分损失。因为都没有达到全损的程度。只是原装在该舱内的 500 包棉花,烧毁部分属于单独海损,而剩下有严重的水渍部分属于共同海损;500 包大米只有水渍损失应属于共同海损。无论单独海损或共同海损,都属于部分损失的范畴。

10. 甲海轮在航行中发生碰撞事故,使该货受到部分损失,保险公司应承担赔偿责任,因为碰撞是意外事故,而平安险的保险责任明确规定,保险公司赔偿在发生意外事故情况下发生的全部或部分损失;乙海轮在途中遇到暴风雨的袭击,由于船舶颠簸,货物相互碰撞而发生的部分损失,保险公司是不应承担赔偿责任的,因为其不属于平安险保障范围内的损失。

11. 保险公司对该批货物遭受的损失应全部予以赔偿。因为该船触礁所造成的 1 000 元货损,属于意外事故造成的部分损失,投保平安险,保险公司应给予赔偿。另据平安险条款规定,在运输工具已经发生搁浅、触礁、沉没、焚烧等意外事故的情况下,货物在此前后又在海上遭受恶劣气候、雷电、海啸等自然灾害所造成的部分损失,保险公司也应予以负责,因此在触礁之前由于暴风雨造成的 1 000 元损失,保险公司也应予以赔偿。

12. 不负责赔偿。因为淡水雨淋险是一般附加险,不属于水渍险的责任范畴。

13. 保险公司不负责赔偿。因为根据中国人民保险公司海运货物保险条款中的"除外责任"规定,被保险货物的自然损耗、本质缺陷、特性及市价跌落、运输延迟所引起的损失和费用,保险人不负责赔偿。

14. 保险公司只对因罢工造成的直接损失负责赔偿。对于间接损失则不负责,例如,由于罢工引起劳动力不足或不能卸载,致使堆放码头的货物遭到雨淋日晒而受损的损失应由保险公司赔偿。但冷冻机因无燃料而中断致使货物变质等均属间接损失,保险公司对于这类损失均不予赔偿。

15. 根据1981年1月1日CIC罢工险条款所规定的责任范围,本例属于直接原因造成的损失,保险公司应负责赔偿。

第五章 货款的支付

一、名词解释

1. BILL OF EXCHANGE

即汇票,是一人向另一人签发的无条件的书面命令,要求另一人在见票时或在某一规定的时间或可以确定的将来时间向特定的人或其指定人或持票人支付一定的金额。

2. D/P·T/R

即远期付款交单凭信托收据借单,是出口人指示代收行凭买方提供信托收据借单,也就是说,进口人在承兑汇票后可以凭信托收据借单提货,这是出口人授权的,日后如进口人在汇票到期日拒付,则与银行无关,由出口人自己承担收汇风险。

3. 支票

指由出票人签发的,委托办理支票存款业务的银行或者其他金融机构在见票时无条件支付确定的金额给收款人或者持票人的票据。

4. 托收

指由接到托收指示的银行根据所收到的指示处理金融单据及/或商业单据,以便取得付款或承兑,或凭付款或承兑交出商业单据,或凭其他付款或条件交出单据。

5. 贴现

指远期汇票承兑后尚未到期,由银行或其他金融机构从票面金额中扣减按一定贴现率计算的贴现息后,将净款付给持票人的行为。

6. 承兑

指汇票付款人承诺在汇票到期日支付汇票金额的票据行为。

7. 背书

指票据的持有人在票据背面记载有关事项并签章或再加上受让人(即被背书人)的名字,并把票据交给受让人的行为。

8. 保兑

指开证行以外的一家银行对开证行的付款承诺再次进行保证的行为。

9. T/T

即电汇,指本地银行(汇出行)应债务人请求,以电报或电传等电讯手段委托债权人所在地的分行或代理行(汇入行)付款给债权人。

10. 议付

根据《UCP 600》的规定,议付是指指定银行在相符交单下,在其应获偿付的银行工作日当天或之前向受益人预付或者同意预付款项,从而购买汇票(其付款人为指定银行以外的其他银行)及/或单据的行为。

11. 汇付

又称汇款,指债务人或付款人主动通过银行或其他途径,将款项汇交债权人或收款人的结算方式。

12. 付款交单

指出口人的交单是以进口人的付款为条件,即进口人付款后才能向代收行领取货运单据。

13. 信用证

根据《UCP 600》的规定,信用证是指一项不可撤销的安排,无论其名称或描述如何,该项安排构成开证行对相符交单予以承付的确定承诺。

14. 承兑交单

指出口人的交单是以进口人在汇票上承兑为条件,即进口人在汇票上履行承兑手续后即可向代收行领取货运单据,于汇票到期日付款。

15.《UCP 600》

这是国际商会为了减少信用证结算业务中因解释或习惯不同易引起的争端而拟定的一项国际惯例。

16. 保兑信用证

指开证行开出的信用证由另一家银行对开证行的付款承诺再次进行保证的信用证。

17. 议付信用证

凡是在信用证中明确指示受益人可以在某一指定银行或任何银行议付的信用证叫议付信用证。

18. 即期信用证

指信用证内规定只要受益人提交了符合信用证条款的跟单汇票或单据,开证行或付款行立即履行付款义务的信用证。

19. 远期信用证

指开证行或付款行在信用证中保证,在收到符合信用证的单据时,在规定的期限内付款的信用证。

20. 可转让信用证

根据《UCP 600》的规定,可转让信用证是指特别注明"可转让(Transferable)"字样的信用证。可转让信用证可应受益人(第一受益人)的要求转为全部或部分由另一受益人(第二受益人)兑用。

21. 循环信用证

指受益人在一定时间内使用了规定的金额后,其金额又恢复到原金额,直至达到规定的时间、次数或金额为止的信用证。

22. 假远期信用证

假远期信用证规定受益人开立远期汇票,由付款行负责承兑和贴现,承兑费用和贴现利息由进口人承担。这种信用证从表面看是远期信用证,但受益人却能即期十足地收回款项。

23. 银行保证书

指银行应申请人的请求,开给第三方(受益人)的一种书面信用担保凭证。

24. 备用信用证

指开证行开给受益人的一种有条件的保证付款的书面文件。其主要内容是在信用证中规定,开证申请人未能履行投标人的职责或未能按时偿还贷款或货款时,开证行负责为其支付。如开证申请人履行了信用证中规定的上述某项义务,则该信用证就不起作用,所以其被称作备用信用证。

二、填空题

1. 汇票;本票;支票

2. 银行汇票;商业汇票;即期汇票;远期汇票

3. 顺汇;逆汇

4. 指示性;限制性;来人或持票人

5. 定日;见票后;出票后;提单签发日后

6. 银行本票;商业本票

7. 电汇;信汇;票汇

8. 付款交单;承兑交单;付款交单;即期付款交单;远期付款交单

9. CIF 或 CIP；卖方利益

10. 委托人；托收行；代收行；付款人

11.《URC 522》

12. 开证申请人；受益人；开证行；通知行；议付行；付款行

13. 对信用证本身的说明；信用证的主要当事人；对货物的描述；对单据的描述；对运输的要求

14. 卖方能即期十足地收回货款；国外开证行或付款行负责贴现；进口人承担承兑费用和贴现利息

15. 自动循环；半自动循环；非自动循环

16. 开证申请人

17.《UCP 600》

18. 远期；承兑和贴现；利息和承兑；被追索

19. 不可转让

20. 5月8日、5月8日、5月8日；5月8日、6月7日、6月7日；5月8日、6月22日、5月8日

三、判断题

1. × 2. × 3. × 4. × 5. × 6. × 7. √ 8. × 9. √ 10. ×
11. × 12. √ 13. × 14. × 15. √ 16. √ 17. √ 18. × 19. √
20. × 21. √ 22. × 23. √ 24. √ 25. √ 26. × 27. √ 28. ×
29. √ 30. × 31. × 32. × 33. × 34. × 35. × 36. √ 37. ×
38. √ 39. × 40. √

四、单项选择题

1. B 2. C 3. D 4. B 5. A 6. D 7. B 8. B 9. D 10. B 11. C
12. C 13. C 14. B 15. B 16. B 17. B 18. B 19. B 20. B 21. B
22. B 23. B 24. B 25. A 26. B 27. B 28. B 29. B 30. D 31. B 32. C

五、多项选择题

1. AD 2. ACD 3. AD 4. ABD 5. ABC 6. BC 7. ABDE

六、简答题

1. 汇票的使用过程为：出票、提示、承兑、付款等；如需转让，通常经过背书行为转让；汇票遭到拒绝时，还有涉及做成拒付证书和行使追索等法律权利。

2. 远期汇票的付款时间主要有以下四种：定日付款，见票后若干天付款，出票后若干天付款，提单签发日后若干天付款。

3. 根据我国票据法的解释，汇票、本票、支票的主要区别有下述几方面：

(1)当事人。汇票、支票均属委付证券,其基本当事人有出票人、付款人和收款人,而本票属于自付证券,其基本当事人有出票人、收款人,出票人即付款人。汇票依出票人的不同,可分为商业汇票和银行汇票,其付款人可为工商企业或金融机构,而本票的出票人及付款人均为同一银行或金融机构。

(2)付款期限。依付款期限的不同,汇票可分为即期汇票和远期汇票,而支票和本票均只有即期。

(3)承兑手续。商业远期汇票需办理承兑手续,而支票、本票不须承兑。

(4)票据责任。商业汇票在承兑前由出票人负责,承兑后由承兑人负主要责任,出票人负次要责任;支票和本票都由出票人负责。

4. 托收分为付款交单和承兑交单两种,付款交单又有即期和远期之分,由于付款的时间不同,托收的程序也稍有不同,以远期付款交单为例,其使用程序是:

(1)进出口人在合同中规定用远期付款交单方式支付。

(2)出口人按照合同规定装货后,填写托收委托书,声明"付款交单",开出远期汇票,连同全套货运单据送交托收银行代收货款。

(3)托收行将汇票连同货运单据,并说明托收书上各项指示,寄交进口地代理银行(代收行),即提示银行(提示行)。

(4)提示行收到汇票及货运单据后,即向进口人做出承兑提示。

(5)进口人承兑汇票后,提示行保留汇票及全套单据。

(6)在到期日提示行做出付款提示。进口人付货款,赎取全套货运单据。

(7)代收行电告(或邮告)托收行,款已收妥转账。

(8)托收行将货款交给出口人。

托收的主要特点有以下几点:

(1)托收属于商业信用,托收是先发货,后收款,出口人能否收回货款取决于进口人的资信。

(2)银行办理托收业务是按托收人的指示办事,银行不检查内容,没有保证付款的责任,如遭进口人拒付,除非另有规定,银行无代管货物的义务。

(3)托收对出口人来说,风险较大,其中 D/A 比 D/P 的风险更大。

5. D/P·T/R 与 D/A 都是属于托收方式,出口人在装运货物后都要开具远期汇票收款。

D/P·T/R 是远期付款交单的一种方法,即所谓远期付款交单凭信托收据借单。进口人在承兑汇票后凭信托收据先行借单提货。日后如果进口人在汇票到期时拒付,应由出口人自己承担风险。这种做法从性质上来说与承兑交单差不多。

D/A是承兑交单,指出口人的交单以进口人在汇票上承兑为条件。使用D/A方式对出口人风险较大,可能会遭到货款两空的损失。

6. 托收根据所使用的汇票不同,分为光票托收和跟单托收。国际货款的支取大多数采用跟单托收。在跟单托收情况下,根据交单条件的不同,又可分为付款交单和承兑交单两种。

(1)付款交单(D/P),是指出口人的交单是以进口人的付款为条件。即出口人发货后,取得装运单据,委托银行办理托收,并在托收委托书中指示银行,只有在进口人付清货款后,才能把运输单据交给进口人。

付款交单按付款时间的不同,又可分为即期付款交单和远期付款交单两种。无论是即期付款交单还是远期付款交单,进口商必须在付清货款之后,才能取得单据,提取或转售货物。在远期付款条件下,如果付款日期和实际到货日期基本一致,仍不失为对买方的一种资金融通,进口人可以不必在到货之前,提前付款。但如果付款日期晚于到货日期,买方为了抓住有利行市,不失时机地转售货物,可以采取两种做法:一是,在付款到期日之前提前付款赎单,扣除提前付款日至原付款到期日之间的利息,作为买方享受的一种提前付款的现金折扣;另一种做法,也是发达国家银行的通常做法,即代收行对于资信较好的进口人,允许进口人凭信托收据借取货运单据,先行提货。

(2)承兑交单(D/A),指出口人的交单以进口人在汇票上承兑为条件。即出口人在装运货物后,开具远期汇票,连同货运单据,通过银行向进口人提示,进口人承兑汇票后,代收银行即将货运单据交给进口人,在汇票到期日方履行付款义务。由于承兑交单是进口人只要在汇票上承兑之后,即可取得货运单据,凭以提取货物,也就是说,出口人已交出了物权凭证,其收款的保障依赖进口人的信用,一旦进口人到期不付款,出口人便会遭到货物与货款全部落空的损失。因此,出口人对这种方式一般采取很谨慎的态度。

7. D/P即付款交单,指出口人的交单是以进口人的付款为条件。进口人付清货款后,才能取得货权单据。而D/A即承兑交单,指出口人的交单是以进口人的承兑为条件。进口人见票承兑后,即可取得货权单据。

两者都有遭进口人拒付的风险。但前者如遭拒付,货权单据尚在出口人的控制之下,而后者,因货权单据已被进口人取走,如遭拒付,则使出口人钱货两空。由此可见,后者较前者风险更大。

8. 在出口业务中,采用托收方式收取货款应注意:

(1)重视调查和考察国外进口商的资信情况和经营作风,了解相关商品的市场动态,妥善掌握成交金额和托收额度,在使用时,一般只做付款交单,采用承兑交单要从严。

(2)对贸易管制和外汇管理较严的国家,使用托收方式要慎重。

(3)对托收业务有特殊习惯做法的国家,应先熟悉其做法,然后区别情况,酌情采用。

(4)原则上应争取由我方自办保险,例如按 CIF 或 CIP 条件成交。

(5)必须严格按照出口合同规定条款办理出口,提交单据,以免给对方拒付或拖延付款找借口。

(6)对买卖合同要建立健全管理和检查制度,对托收业务更要定期检查,及时催付清理。

9.信用证业务涉及的当事人主要有六个:

(1)开证申请人,指向银行申请开立信用证的人,即进口人。

(2)开证行,即开立信用证的银行,它承担保证付款的责任。

(3)通知行,指应开证行的要求通知信用证的银行。

(4)受益人,指接受信用证并享受其利益的一方。

(5)议付行,指预付或同意预付货款,从而购买受益人的汇票及/或单据的银行。

(6)付款行,指信用证指定的付款银行,一般为开证行,或在信用证上指定的另一家银行。

信用证当事人之间的关系:

开证申请人与受益人是买卖合同关系;开证银行与开证申请人之间是银行业务关系,双方的权利和义务由开证申请书的内容决定;开证行与受益人之间是契约关系,双方均受信用证内容的约束;通知行与开证行之间是银行业务的代理关系,通知行只付传递信用证及辨认真伪之责,而无必须议付的义务;通知行与受益人之间只是通知关系,通知行负责核对信用证印鉴或密押的真伪判定;议付行与开证行之间完全是独立关系;受益人与议付行是业务关系;议付行与付款行是索偿关系。

10.信用证没有统一的格式,但其基本项目是相同的,其主要内容一般包括以下几方面:

(1)信用证本身的说明。包括信用证的种类、性质、号码,信用证开证日期、开证申请人、开证银行、受益人、信用证金额、信用证有效期及到期地点。

(2)对汇票的说明。信用证项下如使用汇票要说明汇票的出票人、付款人、受益人、汇票金额、期限、出票条款等。

(3)对装运货物的说明。包括货物的名称、规格、数量、单价等。

(4)对运输事项的说明。包括装运港、目的港、装运期限、可否分批、转运等。

(5)对装运单据的说明。如商业发票、运输单据、保险单据及其他单据。

(6)其他事项。如开证行对议付行的指示条款、开证行保证付款的文句、开证行的名称及地址、签字及其他特别条款等。

国际贸易中通常使用的信用证很多,就其用途、形式、付款期限和流通不同,可分为下列几种:跟单信用证和光票信用证,即期信用证与远期信用证,可转让信用证与不可转让信用证,保兑信用证与不保兑信用证,循环信用证,对背信用证,对开信用证,预支信用证,备用信用证等。

11. 信用证业务基本使用程序为:

(1)买卖双方在合同中约定采用信用证方式支付货款。

(2)双方按合同规定的开证日期或信用证中未规定开证日期,应在一个合理的时间内向当地银行申请向卖方开立信用证。

开证人向银行申请开证时,应填写开证申请书,依据合同填写各项规定和要求。开证申请人申请开证时,应向开证行交付一定比率的押金或其他担保品。

(3)开证行依据开证申请书的内容,向出口人(受益人)开出信用证,并将信用证寄交给出口人所在地的分行或代理行(统称通知行)。

(4)通知行审核印押无误后,将信用证通知出口人。

(5)受益人收到信用证,依据合同条款进行审核,当信用证条款可以接受时,按信用证规定发运货物,并在取得全套货运单据后,在信用证的有效期内交议付行议付货款。如发现信用证与合同不符或存在不能接受的内容,应及时要求开证人通知开证行修改,然后按要求交货交单。

(6)议付行将汇票和全套单据寄开证行(或其指定的付款行)索偿。

(7)开证行通知进口人付款赎单。

信用证业务的特点:

(1)信用证是属于银行信用,开证行负第一性付款责任;

(2)信用证是一种自足的文件;

(3)信用证业务所处理的是单据。

12. 信用证与合同的关系体现在两个方面:

(1)合同是开立信用证的基础,开证申请人(进口人)必须根据合同中所规定的有关内容向银行申请开证。如信用证中的条款与有关的合同规定不一致,则该信用证的受益人(出口人)有权要求开证申请人向开证行申请修改信用证,直至其与原合同的条款相符为止。

(2)信用证一经开出就成为独立于合同之外的自足文件,不受合同的约束。《UCP 600》规定,信用证与其可能依据的买卖合同或其他合同是相互独立的交易,即使信用证中提及该合同,银行也与该合同无关,且不受约束。所以,信用证是独立于有关合同以外的契约,开证行与信用证业务的其他银行只按信用证的规定办理。

13. 分期付款与延期付款的区别是:

(1)货款偿清时间不同。采用分期付款,其货款是在交货时付清或基本付清;而采用延期付款时,大部分货款是在交货后一个相当长的时间内分期摊付的。

(2)所有权转移的时间不同。采用分期付款,只要付清最后一笔货款,货物所有权即行转移;而采用延期付款时,货物所有权一般在交货时转移。

(3)支付利息费用不同。采用分期付款,买方没有利用卖方的资金,因而不存在利息问题;而采用延期付款时,由于买方利用卖方资金,所以买方需向卖方支付利息。

14. 二者相同之处主要有:

(1)都属于银行信用;

(2)都适用于《UCP 600》(国际商会第 600 号出版物)。

二者不同之处主要有:

(1)在跟单信用证下,受益人只要履行信用证所规定的条件,即可向开证行要求付款;而在备用信用证下,受益人只有在开证申请人未履行义务时,才能行使信用证所规定的权利,因此,备用信用证常常是备而不用的文件。

(2)跟单信用证只适用于货物的买卖;而备用信用证可适用于货物以外的交易。例如,在投标业务中,可保证投标人履行其职责;在借款、垫款中,可保证借款人到期还款;在赊销业务中,可保证赊销人到期付款等。

(3)跟单信用证一般以符合信用证规定的代表货物的货运单据为付款依据;而备用信用证一般只凭受益人出具的说明开证申请人未能履约的证明文件,开证行即予付款。

15. 银行保证书按其用途可分为投标保证书、履约保证书和还款保证书。

(1)投标保证书是指银行、保险公司或其他当事人(保证人)向招标人(受益人)承诺,或按担保申请人所授权的银行的指示向招标人承诺:当申请人(投标人)不履行其投标所产生的义务时,保证人应在规定的金额限度内向受益人付款。

投标保证书主要担保投标人在开标前不撤销投标和片面修改投标条件,中标后要保证签约和交付履约金,否则,银行负责赔偿招标人的损失。

(2)履约保证书是指保证人承诺,如果担保申请人(承包人)不履行他与受益人(业主)之间的合同时,应由保证人在约定的金额限度内向受益人付款;或者如果保证书规定保证人有选择权,保证人可以以实物支付,亦可采取措施履行合同。

(3)还款保证书是指银行、保险公司或其他当事人,应合同一方当事人的申请,向合同另一方当事人开立的保证书,保证书规定:如申请人不履行他与受益人订立的合同的义务将受益人预付、支付的款项退还或还款给受益人时,银行则向受益人退还或支付款项。

七、案例分析题

1. 我方应通过托收行要求代收行承担付款责任。因为在本案中,出口商是以 D/P 60 天方式成交,代收行凭信托收据将单据借给进口人,未经出口人(委托人)授权,到期进口人失去偿付能力应由代收行负责。因此,我方不能接受代收行提出的我方径向 A 商索取货款的建议,而应通过托收行责成代收行付款。

2. 此日本商人之所以提出上述要求,是想在单据到达代收行时,能够凭信托收据(T/R)向其往来的代收行借取单据,提货并出售货物,然后在汇票到期日再付款给代收行。这样,他就可减轻占用资金的压力与风险。

3. 这样做不妥。因为在信用证条件下,银行保证付款是有条件的,那就要求受益人必须按信用证规定办事。本案由于种种原因未按时装运,故请求延展装运期,说明已违反信用证条款。在这种情况下,必须等开证行展证通知到达后,按信用证的要求再装运为妥,不能以客户同意展证为依据安排装船。否则,一旦出现差错,将影响安全收汇。

4. 我方按信用证规定,应在 5 月份装运出口,并将单据交议付行议付。虽然获悉进口方因资金问题濒临破产,也不影响本批货物安全收汇。因为信用证支付条件下,开证银行承担第一性付款责任,无论进口商是否破产,开证行应保证首先付款。因为 4 月 20 日日本东京银行开来的是不可撤销即期跟单信用证,而且我方中行收到证后于 4 月 22 日已通知出口公司。不可撤销信用证一经开出,在有效期内未经受益人及有关当事人的同意,开证行不得片面修改与撤销。只要受益人提供的单据符合信用证规定,开证行必须履行付款义务。

5. 我方应按信用证规定向议付行提交单据,由议付行向开证行索款。原因如下:

(1)本案是以 CIF 条件成交,根据《INCOTERMS 2020》的解释,在 CIF 条件下,只要卖方提交的单据符合合同规定,买方就必须付款赎单。

(2)合同规定以信用证结算,而根据《UCP 600》的解释,在信用证业务中,开证行承担第一性付款责任,只要卖方提交的单据符合信用证条款的规定,开证行就必须付款。因此,我方出口公司应坚持按信用证的规定制单、交单,待开证行付款后,开证申请人也应该付款赎单。

(3)在 CIF 合同下,买卖双方的风险划分点为装运港船上,货物在装运港装上船后的风险由买方承担。如货物在途中受损,买方可以凭有关的单据或凭证向责任方索赔。

6. 我方应按规定交货并向该保兑外资银行交单,要求其付款。因为根据《UCP 600》,信用证一经保兑,保兑行与开证行同时承担第一性付款责任,即对受益人承担保证付款的责任;未经受益人同意,该项保证不得撤销。

7. 遭到拒付的原因是:国外来证已注明"海运与空运的差额运费由买方承担,这部分附加的费用在信用证外支取"。但该公司按 CFR 旧金山价加空运运费减海运运费制作发票,显然把附加的费用一并要求开证行支付,违反了信用证的上述条款,属单证不符,故被开证行拒付。

8. 议付行不能拒绝退款。因为:

(1)信用证业务处理的是单据,单证不符,开证行有权拒付货款。

(2)开证申请人不是凭提单将货物提走,开证行没有过错,所以议付行应向受益人追索货款,并退款给开证行。至于受益人,他可以通过其他法律途径向开证申请人及有关的责任方追索货款。

(3)偿付行是信用证指定的代开证行向议付行或付款行清偿垫款的银行,它的偿付不视作开证行终结性的付款,因偿付行并没有审查单据的责任,不负单据不符之责,所以开证行在见单后发现单证不符时,可向议付行追回已付讫的款项。

9. 应选择在新港、青岛各装 1 000 公吨。理由为:

(1)根据《UCP 600》规定,运输单据注明的是使用同一运输工具装运,并经同一线路运输,即使运输单据上注明的装运日期或装运港口不同,只要运输单据注明是同一目的地,将不视为分批装运。

(2)本案例中,出口公司如在新港、青岛各装 1 000 公吨于同一船(黄石号)、同一航次上,提单上虽注明不同装运港和不同装运期限,但仍不视为分批装运。因此,这种做法应认为符合信用证的规定,是首选的处理方法。

10. A公司不能顺利结汇。理由是：

（1）根据《UCP 600》规定，不可撤销信用证已经开出，在有效期内，未经受益人及有关当事人的同意，开证行不得片面修改或撤销，只要受益人提供的单据符合信用证的规定，开证行必须履行付款义务。而本案中，A公司提出信用证装运期的延期要求仅得到B公司的允诺，并未由开证行开出修改通知书，所以B公司同意修改是无效的。

（2）信用证上规定装运期"不得晚于4月15日"，而A公司所交提单的签发日期为5月10日，与信用证规定不符，即单证不符，所以银行可以拒付。

11. 开证行拒绝有理。因为我方要求开证行拒付，实质为撤销信用证，而《UCP 600》规定，信用证是不可撤销的约定。开证行在相符交单时必须履行付款责任。有关货物品质不符，买方应直接向出口方索赔。

12. 我方应从此事件中吸取如下教训：

（1）催证不及时。按惯例，合同未规定开证时间，买方应在装运期前的合理时间内开证，我方没有及时催证。

（2）信用证简电不能作为凭以结汇的凭证。

（3）审核信用证要仔细，当信用证规定与买卖合同条款不一致时，应及时要求对方改证。

13. 银行有权拒付。因为时间超过了提单签发日21天，违背了《UCP 600》的规定。

14. 银行有拒付的权利。根据《UCP 600》的规定，"大约"一词用于所述的日期前将解释为前后各五天，起止日期包括在内。上述装运期为大约5月15日，亦即装运期在5月10日至5月20日之间包括5月10日和5月20日。而提单是在5月8日签发的，显然不符信用证的要求。因此，开证行有权拒收单据和拒付货款。

15. 银行有拒收单据和拒绝付款的权利。因为按照《UCP 600》的规定，保险单日期不得迟于提单的日期。

16. 不可以要求银行在下一个营业日议付。根据《UCP 600》的明确规定："银行对由于天灾、暴动、骚乱、叛乱、战争、恐怖主义行为或任何罢工、停工或其无法控制的任何其他原因导致的营业中断的后果，概不负责。银行恢复营业时，对于在营业中断期间已逾期的信用证，不再进行承付或议付。"

17. 此信用证上规定最高金额为HK＄38 670，则第二次议付时因两次累计金额超过原证金额，银行肯定不予议付。解决的办法是：仍按信用证金额出票、制单（在发票金额中减去差额）。超过部分不管金额大小另出光票托收。尽管托收部分有一定风险,但仍能保证信用证项下的货物及时收汇,总比不能议付或担保议付后再遭开证行拒付好。

18. 此证虽属假远期信用证,但审度证中有关词句的含义,实是一远期加利息的条款。如我方接收,则在不能贴现的情况下,势必要等到 60 天后才能收汇,且 60 天后汇价涨跌如何亦难预料。故应让买方改证,等其明确远期汇票能即期付款并由开证行或付款行负责贴现,而且一切贴现息和费用归买方承担后,我方才可接收。

19. 开证行拒付没有道理。因为:

(1) 按《UCP 600》第十条 c 款的规定,"在受益人告知通知修改的银行其接受该修改之前,原信用证(或含有先前被接受的修改的信用证)的条款对受益人仍然有效";

(2) 本案例中的我方对信用证修改书并未提示接收,故原证条款依然有效,我方按原证条款投保、发货、交单,开证行理应付款。

20. 根据《UCP 600》规定,凡有约或大约字样用于信用证金额或信用证规定的货物数量或单价前,可解释为允许金额或数量或单价有不超过 10% 的增减差额。但是本案例中,只有货物数量有约字样,而金额却没有此字样,因此,在数量有增加的情况下,就使得货物金额也提高了,超出信用证规定的金额,这在信用证惯例中是不允许的。因此遭到银行拒付。所以持 55 公吨的发票和 110 000 美元的单据向银行议付肯定不行。从此案中我们得到的教训是,签约时如数量为约量,来证金额也应规定约量,否则不能多装。

21. 我方不能顺利结汇。因为《UCP 600》第三十二条规定:"如信用证规定在指定的时间段内分期支款或分期发运,任何一期未按信用证规定期限支取或发运时,信用证对该期及以后各期均告失效。"据此,本案例中,我方 5 月份因故未能装出,6 月份装运 500 M/T,已违背了信用证中 5 月份装 200 公吨,6 月份装 300 公吨的规定,故从 5 月份开始信用证失效。因此,我方不能顺利结汇。

22. 从信用证项下我方能否如期收回货款考虑,这样做是可以的。因为,信用证已经开立就成为独立于合同之外的自足的文件,只要相符交单即可收回货款。信用证中笼统规定"最迟装运期 6 月 30 日,分数批装运。"所以,我方的做法是可以的,但为了防止日后麻烦,我方应争取等量分批的做法,这样既符合了合同的规定,也满足了信用证的要求。

23. (1) 开证行要求甲公司付款赎单完全有理。因为开证行处理信用证业务的前提是单单一致、单证一致。

(2) 甲公司拒绝付款赎单纯属无理。因为根据《跟单信用证统一惯例》规定,开证行在受益人提供的单据与信用证规定表面相符的情况下,必须承担付款责任。

(3)在丁国 A 公司提交的货物与合同规定严重不符的情况下,甲公司应根据合同规定,向 A 公司提出索赔。甲公司无权指令开证行拒付。

24.开证行能拒付。此案例中,开证行拒付的理由及我方的失误有:倒签提单的做法不当;商检证书日期与其他单据不一致;信用证中规定期限定量分批装运时,如任何一批未按规定装运,本批及以后各批均告失效;同船装运不是分批装运,所以开证行有权拒付。

第六章 争议的预防和处理

一、名词解释

1. 法定检验检疫

法定检验检疫是根据国家有关法令规定,由出入境检验检疫局对大宗的、关系国计民生的重点进出口商品、容易发生质量问题的商品、涉及安全卫生的商品以及国家指定由商检机构统一执行检验的商品等实施强制性检验检疫,以维护国家的信誉及利益。

2. 争议

指交易的一方认为对方未能全部或部分履行合同规定的责任和义务而引起的纠纷。

3. 索赔与理赔

索赔是指遭受损害的一方在发生争议后,向违约方提出赔偿的要求。理赔是指当事人一方提出索赔时,另一方应及时处理。

4. 不可抗力

又称人力不可抗拒,指买卖双方签约后,发生了不是由于任何一方当事人的过失或疏忽而造成的当事人既不能预见和预防,又无法避免和克服的意外事故,致使合同无法履行或不能如期履行。此时,发生意外事故的一方可以因此免除履约或推迟履行合同的责任。

5. 根本性违反合同

根据《联合国国际货物销售合同公约》的规定,一方当事人违反合同的结果,如果使另一方当事人遭受损害,以致实际上剥夺了他根据合同规定有权期待得到的东西,即为根本性违反合同。在根本性违反合同情况下,受害方可以宣告合同无效,同时有权向违约方提出损害赔偿的要求。

6. 仲裁

指买卖双方达成协议,自愿把双方之间的争议提交双方同意的仲裁机构进行裁决,裁决结果对双方均有约束力。

7. 仲裁协议

指双方当事人表示愿意将他们之间已经发生的或可能发生的争议交付仲裁裁决的一种书面协议。

二、填空题

1. 合同或信用证的规定;生产国现行标准;国际通用标准;进口国的标准
2. 检验时间地点;检验机构;检验证书;检验依据与检验方法;商品的复验
3. 异议和索赔条款;罚金条款
4. 概括式;列举式;综合式
5. 在我国仲裁;在被告所在国仲裁;在双方同意的第三国仲裁
6. 1986;承认与执行外国仲裁裁决;1958年纽约公约
7. 合同中明示担保的索赔期
8. 根本性违约;非根本性违约;违反要件;违反担保
9. 协商;调解;仲裁;诉讼

三、判断题

1. × 2. × 3. √ 4. √ 5. × 6. × 7. × 8. × 9. × 10. ×
11. × 12. √ 13. √ 14. √ 15. √ 16. √ 17. × 18. × 19. ×
20. × 21. × 22. × 23. × 24. × 25. √

四、单项选择题

1. C 2. A 3. B 4. B 5. C 6. C 7. B 8. B 9. A 10. B 11. C
12. C 13. A

五、多项选择题

1. ABD 2. ABC 3. ABCD 4. ABC 5. ABC

六、简答题

1. 法定检验检疫的商品范围包括:

(1)《出入境检验检疫机构实施检验检疫的进出境商品目录》中规定的商品;

(2)根据《中华人民共和国食品卫生法》(试行)规定的商品;

(3)根据《进出境动植物检疫法》规定的商品;

(4)对装运出口易腐烂变质食品、冷冻品的船舱、集装箱等运载工具的适载检验;

(5)对出口危险货物包装容器的性能检验和使用鉴定;

(6)对有关国际条约规定或其他法律、行政法规规定,须经商检机构检验的进出口商品实施检验;

(7)国际货物买卖合同规定,由出入境检验检疫局实施检验时,当事人应及时提出申请,由商检部门按照合同规定对货物实施检验并出具检验证书。

2.在国际货物买卖合同中,关于检验时间和地点的订法,基本有三种:

(1)在出口国检验

A 产地检验。

B 装运前或装运时在装运港(地)检验。

(2)在进口国检验

A 在目的港(地)卸货后检验。

B 在买方营业处所以及最终用户所在地检验。

(3)在出口国检验,在进口国复验

3.我国出入境商检检疫机构主要是检验检疫局,它的职责有三项:

(1)对进出口商品实施法定检验检疫;

(2)办理进出口商品鉴定业务;

(3)对进出口商品的质量和检验工作实施监督管理。

4.商检证书的作用表现在以下几个方面:

(1)商检证书是证明货物运输、装卸的实际情况,明确责任归属的依据;

(2)商检证书是通关验放的有效证件;

(3)商检证书是证明履行合约、交接货物、结算货款的主要依据;

(4)商检证书是对外办理索赔的有效凭证。

5.我国出入境检验检疫程序主要包括以下四个环节:

(1)报验

进出口报验是指对外贸易关系人向商检机构申请检验。凡属商检范围内的进出口商品,都必须报验。

(2)抽样

商检机构接受报验后,需及时派人到货物堆存地点进行现场检验鉴定。其内容包括货物的数量、重量、包装、外观等项目。

(3)检验

可以通过感官的、物理的、微生物的方法对商品进行检验检疫。商检机构根据抽样和现场检验记录,仔细核对合同及信用证对品质、规格、包装的规定,弄清检验的依据、标准,采用合理的方法实施检验。

(4)签发与放行

签证、放行是检验检疫机构检验检疫工作的最后一个环节。

6.争议一般是由以下原因引起的：

(1)买方违约。如：买方不开或不按时开立 L/C,不按规定派船,不赎单,不收货或对货物故意挑剔等。

(2)卖方违约。如：卖方不按合同规定装船,所交货物的品质、数量、包装、交货时间等不完全符合合同规定,提交单据不齐或延误交单等。

(3)合同规定欠明确。如："合理公差""适合海运包装""立即装运"等。

7.违约是指买卖双方中的一方违反合同义务的行为。当事人违约就应承担相应的法律责任,这是国际贸易普遍遵循的原则。不同的违约行为应承担不同的法律责任,各国的法律对此都有相关的规定,如：

《英国货物买卖法》从是否违反合同条款的角度将违约分为违反要件(Breach of Condition)和违反担保(Breach of Warranty)两种。违反要件是指违反合同的主要条款,受害方因之有权解除合同并要求损害赔偿。违反担保通常是指违反合同的次要条款,受害方有权因之要求损害赔偿,但不能撤销合同。

《联合国国际货物销售合同公约》从违约的后果和严重程度,将违约分为根本违约和非根本违约。该公约规定,如果一方当事人根本违反合同,另一方当事人可以宣告合同无效并要求损害赔偿。如果是非根本性违约则不能解除合同,只能要求损害赔偿。

综上所述,由于各国法律和国际公约对违约情况的区分不同,对于不同的违约情况应承担的责任亦有不同的规定。因此,为维护我方的利益,应订好国际货物买卖合同中的索赔条款,并加以正确运用。

8.索赔期限的起算方法,通常有以下几种：

(1)货物到达目的港后××天后起算；

(2)货物在目的港卸离运载工具后××天起算；

(3)货物到达买方营业处所或所在地后××天起算；

(4)货物在目的港经检验后××天起算。

9.仲裁协议是双方当事人表示愿意将他们之间已经发生的或可能发生的争议交付仲裁裁决的一种书面协议。

(1)仲裁协议的形式

仲裁协议分两种：一种是由双方当事人在争议发生前订立的,这种协议一般都包含在合同内,作为合同的一项条款即"仲裁条款"(Arbitration Clause)；另一种是由双方当事人在发生争议之后订立的,是双方同意把已经发生的争议交付仲裁机构裁决的书面协议,这种协议称为"提交仲裁协议"(Submission)。以上两种形式具有同等的法律效力。

(2)仲裁协议的作用

按照我国和多数国家仲裁法的规定,仲裁协议的作用主要有三个:

A. 表明双方当事人在发生争议时自愿提交仲裁协议。仲裁协议约束双方当事人在协商调解不成时,只能以仲裁方式解决争议,不能向法院起诉。

B. 排除法院对于争议案件的管辖权。世界上除极少数国家,一般都规定法院不受理争议双方订有仲裁协议的争议案件。

C. 使仲裁机构取得对争议案件的管辖权。任何仲裁机构都无权受理没有仲裁协议的案件。

10. 造成不可抗力事件的原因大体可分为自然原因和社会原因两类:

(1)自然原因引起的,如洪水、暴风、干旱、暴雪、地震、火灾等;

(2)社会原因引起的,如战争、罢工、政府封锁禁运、禁止进出口及国际航道封闭等。

11. 要构成不可抗力事件,一般应当具备以下几个条件:

(1)事件的发生是在签订合同后;

(2)事件不是由于任何一方当事人故意或过失所造成的;

(3)事件的发生及其造成的后果是当事人无法预见,无法控制,无法避免和不可克服的。

12. 仲裁与诉讼相比有以下几方面的优点:

(1)仲裁的立案时间快,处理案件比较迅速及时;

(2)仲裁程序简单、费用低;

(3)仲裁是双方自愿的;

(4)仲裁双方可以在一定范围内选择仲裁员;

(5)仲裁当事人双方在感情上尚有回旋余地;

(6)仲裁的灵活性大。

七、案例分析题

1. 我国 A 公司对日本 B 公司提出的退货要求应予拒绝。因为:

(1)B 公司已将该货转卖给 C 公司,而且已转运到新加坡,说明货物所有权已经转移给 C 公司,B 公司没有理由提出退货。

(2)A 公司与 C 公司没有任何合同关系,B 公司凭新加坡商检机构签发的检验证书向 A 公司提出退货要求是没有道理的。A 公司应予以拒绝。

2. 我方不能同意此日本商人以不可抗力为由要求解除合同。因为:

虽然政府的禁令一般应视为不可抗力的原因,但该项合同是否构成不可抗力,要根据合同的具体情况进一步研究。日本政府的禁令是在9月15日宣布的,并且该项禁令规定在10月1日起实行,而合同规定的交货期为9月份,这说明卖方按合同规定9月份装运没有违反政府的禁令,卖方不能以不可抗力为由,推卸自己履约的责任。

3. B公司提交的新加坡商检机构签发的检验证书,应该是有效的。因为:

根据《联合国国际货物销售合同公约》第38条第(3)项规定:"如果货物在运输途中改运或买方再发运货物,没有合理机会加以检验,而卖方在订立合同时,已经知道或理应知道这种改运或再发运的可能性,检验可推迟到货物到达新目的地后进行。"据此,B公司提交的新加坡检验机构签发的检验证书应该是有效的,我方应实事求是地给予合理赔偿。

4. 凭样品买卖条件下,卖方所交货物不应存在合理检查时不易发现的有导致不合商销的瑕疵,关于这一点,有些资本主义国家的法律也有明确的规定。具体到本例,关键是看"釉裂"是否属于内在缺陷。"釉裂"又称"冷裂",是由于配方或加工不当,潜伏在商品中的,要等到一定时间后才会暴露出来,对于贸易双方来说都无法事先知道。所以"釉裂"属上述情况的缺陷,特别是在对方提出"釉裂"问题后,我方亦发现自存复样有裂纹,说明对方反映属实。因此,我方没有理由推卸责任。

5. 银行有权拒付货款,因为不可抗力条款是针对买卖合同的免责条款,与信用证无关,除非信用证有类似规定,但做这种规定的信用证是罕见的。所以,在受益人违反单证一致规定时,不能以不可抗力条款要求免除单证不一致的责任。

6. (1)合同若无特殊约定,本合同应适用《联合国国际货物销售合同公约》;

(2)依《联合国国际货物销售合同公约》有关规定,出口方的事件不构成不可抗力,因为事件的后果不是不可克服的。合同不要求特定的产地,出口方应从其他地区或国家购买货物交货,尤其是从遭受水灾到交货尚有4个月时间可供出口方购货;

(3)出口方如拒不履约,外商可在交货期满时从国际市场上补进,然后向出口方索取差价和损害赔偿金。

7. 第一种情况应向卖方索赔,因原装货物有内在缺陷。第二种情况应向承运人索赔,因承运人签发清洁提单,在目的港应如数交足,第三种情况应向保险公司索赔,属保险责任范围以内,但如进口人能举证原装数量不足,也可向卖方索赔。

8.(1)我方的失误。我方没有及时发现对方证件存在的问题,既未直接提出拒赔,也未提出复验,而是第一次复函就同对方讨价还价,说明我方已默认理亏,授人以柄,实际上等于已接受了对方的索赔,只是对索赔金额有争议,所以虽时隔一年,也不能以时间久为由,推脱不管。

(2)对方的失误。商检证书是根据零售商店的送检商品做出的,缺乏证据效力。乌皮鸡呈黑色,黑色不能说明变质。商检证书上没有变质货物的批号,没有注明商品变质究竟有多少,说明对方提出的索赔金额是无依据的。

(3)一年后,对方派代表来京交涉时,我们应向其表示愿意合理解决此案,因为我们不能否认一年前与对方讨价还价信的事实。同时,我们也应实事求是地将混装乌皮鸡的事告诉对方,并说明此鸡是特殊品种,并非变质。由于我方事前未征得对方同意就装了少量该种商品,我方是有责任的,我方应承担乌皮鸡给对方造成的损失。

9.(1)我方的要求不合理。理由:我方企业出口商品遇到不可抗力导致一半左右出口家具被烧毁,但不可抗力并没有严重到我方不能履行合同程度,所以我方不能要求免除全部交货责任,但可以延期履行交货义务。

(2)美方的索赔要求不合理。理由:我方遇到不可抗力事件后,虽经多方努力仍造成逾期交货,对此,我方不负责任,可以免责。

10. 我方应拒绝应诉,因为:

我方与外商签订出口合同时,已在合同中规定了仲裁条款,而且仲裁地点在中国,这说明双方当事人已达成书面协议,自愿将争议提交仲裁机构进行审理,排除了法院的管辖权,我方应向法院出示书面仲裁协议或合同中的仲裁条款。本案由所选定的仲裁机构受理。

11.(1)保险公司不赔,因为这是商品内在缺陷,属于保险人的除外责任。

(2)进口人应支付货款,因为 CIF 合同是凭单付款。本案的进口商付款后可以凭检验证书向出口商提出索赔。

(3)出口商应对此负赔偿责任。

第七章 出口交易磋商与合同订立

一、名词解释

1. 发盘

指交易一方欲出售或购买某项商品而向交易的另一方提出买卖该项商品的各项交易条件,并愿意按这些交易条件达成交易、订立合同的一种肯定表示。

发盘可用口头或书面方式表示。

2. 邀请发盘

指交易的一方打算购买或出售某种商品,向对方询问买卖该项商品的有关交易条件,或者就该项交易提出带有保留条件的建议。

3. 还盘

也称还价,指受盘人对发盘内容不完全同意,而提出修改或变更的表示,还盘可用口头或书面方式表示。

4. 询盘

也称询价,指交易一方欲出售或购买某项商品而向交易的另一方询问买卖该项商品的有关交易条件,可用口头或书面方式表示。

5. 接受

指交易的一方同意对方发盘(或还盘)中提出的交易条件,并愿意按这些交易条件达成交易,订立合同的一种肯定表示。

6. 交易磋商

指买卖双方就交易条件进行洽商,以求达成一致协议的具体过程,它是国际货物买卖中不可缺少的一个重要环节,也是签订合同必经的阶段。

7. 发盘的撤销

指一项发盘在已经送达受盘人之后亦即开始生效后,由发盘人将其取消。

8. 发盘的撤回

指一项发盘在尚未送达受盘人之前亦即尚未生效之前,由发盘人将其取消。

9. 一般交易条件

指交易的一方为出售或购买商品向对方提出的对每一笔交易都适用的一套共性的交易条件。包括:①有关预防或处理争议的条款;②主要交易条件的补充说明,如包装、保险金额等;③个别主要交易条件,如品质与数量条款中的机动幅度、支付条款等。

二、填空题

1. 口头;书面;询盘;发盘;还盘;接受;发盘;接受

2. 正式合同;简式合同;约首;本文;约尾

3. 价格;付款;质量;交货地点;一方当事人对另一方当事人的赔偿责任范围

4. 合同成立的证据;合同生效的条件;合同履行的依据

5. 过期;拒绝;还盘;撤销;不可控因素出现

三、判断题

1. × 2. × 3. √ 4. × 5. × 6. × 7. √ 8. × 9. × 10. √
11. × 12. √ 13. √ 14. √ 15. √ 16. √ 17. √ 18. √ 19. ×
20. × 21. × 22. √

四、单项选择题

1. A 2. B 3. B 4. C 5. B 6. C 7. C 8. A 9. B

五、多项选择题

1. ABCD 2. ABC 3. ABC 4. ABCD 5. ABC 6. ABCD 7. ABCE
8. ABCE

六、简答题

1. 在正式交易前,应做好以下几方面的工作:

(1)选配经贸洽谈人员;

(2)组织或落实出口货源;

(3)选择适当的目标市场,选择交易对象;

(4)建立和发展客户关系;

(5)制定出口商品经营方案;

(6)做好新产品的研制和广告宣传等。

2. (1)对国外市场进出口商品的调研;

(2)对市场供求关系的调研;

(3)对国际商品市场价格的调研。

3. 对客户的了解主要包括以下内容:

(1)客户背景:主要是指客户政治经济背景及其对我国的态度。

(2)资金状况:主要是了解客户的资金使用状况,包括注册资本的大小、营业额的大小、资产及负债状况等。

(3)经营范围:主要是企业经营的范围,包括经营的品种、经营的性质、经营业务的范围等。

(4)经营能力:主要是指客户进行企业经营的活动能力。

(5)商业信誉、服务态度及公关水平等。

了解客户的途径很多。例如:通过我国驻外商务机构、领事馆,通过在实际业务中的接触和交往,给予考察;通过国内外举办的交易会、展览会、技术交流会,主动接触客户并进行了解;通过有关国家的商会、工业协会、国际友好组织,介绍了解客户。对客户有所了解后,要正确地选择和利用客户,建立客户档案,对不同类型的客户进行分类。争取在国际市场上建立一个广泛的、稳定的客户群。

4. 一般来说出口产商经营方案的主要内容有：

(1)市场情况，包括国外市场的情况，主要是国外市场需求情况和价格变动的趋势，还有国内市场的货源情况。

(2)市场经营情况，包括出口成本、创汇率、盈亏率的情况。

(3)推销计划和措施，包括商品推销的计划进度、贸易方式及运用的收汇方式等。

(4)分析世界经济贸易动向和价格趋势等其他相关的问题。

商品经营方案所涉及的产品可以是一种，也可以是一类。一般对大宗商品通常是逐个制定出口商品的经营方案，而对其他一般商品可以按商品大类制定经营方案。而对于一些小商品，则是制定简单的价格方案即可。

5. 发盘的有效期是指可供受盘人对发盘做出接受的期限。例如，发盘限 5 月 15 日复到。在进出口贸易中，凡是发盘都有有效期，但有效期可作明确规定，也可不作明确规定。没有明确规定有效期的发盘，只要受盘人在合理的时间内表示接受，合同仍可成立。

6. 交易磋商内容，一般包括品名与品质、数量、价格、包装、装运、保险、支付、检验、索赔、不可抗力、仲裁等十二项。

7. 在下列三种情况下，会出现发盘的条件表面上不完整而实际上是完整的：

(1)买卖双方事先订有"一般交易条件"的协议；

(2)买卖双方在先前的业务交往中已形成了习惯做法；

(3)援引来往的函电和先前成交的合同。

8. 一项有效的发盘应具备以下条件：

(1)发盘要有特定的受盘人；

(2)发盘的内容需十分确定；

(3)表明发盘人受其约束；

(4)发盘要送达对方才能生效。

9. 发盘的撤回是指发盘在未送达受盘人以前，即发盘未生效之前，发盘人收回发盘，即阻止其生效；发盘的撤销是指发盘已经送达受盘人，即发盘已生效，发盘人取消发盘或对发盘内容进行修改。发盘人撤销发盘是使其失去效力。

按照《联合国国际货物销售合同公约》，发盘可以撤回，只要撤回的通知先于发盘或与发盘同时到达受盘人。因此，发盘人如以信件做出发盘后，发现情况有变化或发盘内容有误,可采用快速通信方式,如电报、电传等,在发盘未送达受盘人之前,通知受盘人撤回发盘。

关于发盘的撤销,各国法律的规定不尽相同,例如:英美国家的普通法认为,发盘在被接受前的任何时候都可予以撤销,除非发盘人已付出某种对价;大陆法系国家的法律认为,在发盘的有效期内,发盘人不得撤销发盘。

《联合国国际货物销售合同公约》规定,已被受盘人收到的发盘,如果撤销的通知在受盘人发出接受通知前送达受盘人,可予撤销。但同时规定在下列两种情况下不得撤销发盘:一种是,发盘规定有效期或以其他方式表明发盘为不可撤销;另一种是,受盘人有理由信赖该项发盘是不可撤销的,并已本着对该发盘的信赖采取了行动。

10. 发盘在下列情况下,终止其效力:

(1)过期:如未明确规定有效期,则超过合理时间后,发盘即告失效。

(2)拒绝或还盘时,发盘失效。

(3)撤销:发盘人对发盘进行有效撤销,发盘失效。

(4)不可控因素出现:不可控因素是指发盘人或受盘人难以控制的因素,如战争、封锁、政府禁令、发盘人死亡等,这些情况或类似情况一旦出现,发盘立即失效。

以上四种情况的发生都可导致发盘失效。但经常出现的是还盘及过期,至于撤销、拒绝及不可控因素的出现是很少的。

11. (1)还盘是对发盘的拒绝,还盘一经做出,原发盘即失去效力,发盘人不再受其约束。

(2)一项还盘等于是受盘人向原发盘人提出的一项新发盘。

12. 有效接受应具备以下几个条件:

(1)接受必须由受盘人做出。

(2)接受内容必须与发盘相符。

(3)必须在有效期内接受。

(4)接受应用声明或行动的方式表示出来。

13. 逾期接受(Late Acceptance)又称迟到的接受,是指受盘人发出的接受通知超过发盘人规定的有效期或发盘中未明确规定有效期而超过合理时间才送达发盘人。逾期接受在一般情况下无效。但《联合国国际货物销售合同公约》对这一问题作了灵活处理:

第一,只要发盘人毫不迟延地口头或书面通知受盘人,认为该项逾期接受有效,那么合同就成立。如发盘人对逾期的接受表示拒绝或不立即向受盘人发出上述通知,则该项逾期接受无效,合同不成立。

第二,如果载有逾期接受的信件或其他书面文件显示,在传递正常的情况下,本是能够送达发盘人的,则这项接受应当有效。除非发盘人毫不迟延地口头或书面通知受盘人,他认为发盘已经失效。总之,逾期接受是否有效,关键要看发盘人如何表态。

14. 合同应具备以下条件才算有效成立:
(1)当事人必须在自愿和真实的基础上达成协议;
(2)当事人必须具有订立合同的行为能力和权利能力;
(3)合同必须有对价和合法的约因;
(4)合同的标的和内容必须合法;
(5)合同的形式必须符合法律规定的要求。
一个合同只有符合了以上条件,才具有法律效力,才能得到法律的承认和受到法律保护。

15. 在我国进出口业务中,书面合同的形式主要有两种:合同和确认书,如销售合同或销售确认书。
合同的内容比较全面,除了包括交易的主要条件,如品质、数量、包装、价格、交货、支付外,还包括检验、索赔、不可抗力、仲裁等条款。
确认书的主要内容与合同相同,它是一种简式合同。
合同和确认书具有同等法律效力。书面合同的内容一般包括三个部分:约首、本文和约尾。约首是合同的首部,包括合同名称、合同编号、缔约双方的名称和地址、订约日期、订约地点等;本文是合同的主体,主要规定各项交易条件;约尾是合同的尾部,包括合同的文字、份数及效力、订约双方的签字、合同适用的法律等。

16. (1)不可以撤销该发盘,因为该发盘明确规定了有效期。
(2)接收有效,因为在有效期内。
(3)应以撤回为准。
(4)此项接受原则上无效,主要取决于发盘人。因为《联合国国际货物销售合同公约》规定,逾期接受原则上无效,除非发盘人毫不延迟地口头或书面通知受盘人,他认为这项逾期接受有效。

七、案例分析题

1. 我方不应赔偿。因为对方于10月10日对我方10月2日的原发盘的价格提出更改要求,实质上变动了原发盘的条件,构成还盘。根据《联合国国际货物销售合同公约》规定,还盘的法律后果是对原发盘的拒绝或否定,原发盘即失去效力,原发盘人就不再受其约束。我方未对对方的还盘作出答复,与对方就不存在合同约束关系,所以我方不负任何赔偿责任。

2. 我方有理由拒绝开证,虽然我方已经接受对方的发盘,但我方在表示接受的电传中列有"以签订合同为准",由于我方与对方未最后签订合同,因此可拒绝开证。

3. 此法国商人接受无效,我方应就价格问题与其重新进行磋商。因根据《联合国国际货物销售合同公约》解释,在双方没有其他协议的情况下,口头发盘必须立即接受。因此,当日下午对方的接受是无效的,我方在该商品国际市场价格上升的情况下应与对方重新磋商,以维护自身利益。

4. 这项交易没有达成。因我方去电要求在交货前电汇一万美元,而此外商来电却明确规定"该款在交货前由银行代你保管",按《联合国国际货物销售合同公约》规定,这是对原发盘的实质性更改,应视为有条件的接受,构成一项新的发盘,所以这笔交易没有达成。

5. 我方可采用快速通信方式,如电传,发出撤回或修改发盘的通知,在发盘送达前通知受盘人撤回或修改发盘。因为根据《联合国国际货物销售合同公约》,发盘是可以撤回的,只要撤回的通知先于发盘或同时与发盘到达受盘人。

6. 我方的做法是合理的。根据《联合国国际货物销售合同公约》,对方在接受的同时要求提供商检证书,这种添加是属非实质性变更发盘条件。如系非实质性变更发盘条件,仍构成有效接受,除非发盘人及时提出异议。在此案中,我方立即表示拒绝,故该接受无效,合同不成立。

7. 该A国商人应提供产地证。理由:(1)A、B两国都是《联合国国际货物销售合同公约》的缔约国,本案应按《联合国国际货物销售合同公约》办理。A国商人在收到对方对其发盘作出附加非实质性条件的接受时,未提出任何异议,接受即有效。合同成立。

(2)该B国商人根据合同条件开出信用证是合理的。因此,A国商人应提供产地证。

8. 根据《联合国国际货物销售合同公约》,合同成立。该项逾期接受是由于传递不正常而造成的,《联合国国际货物销售合同公约》规定,传递不正常引起的逾期接受仍有接受效力,除非发盘人立即用口头或书面通知受盘人,他认为他的发盘已经失效。此案中,我方对对方所迟到的接受没有立即表示拒绝。因此接受有效,合同成立。

9. (1)合同不能成立。理由:D公司16日发盘,经C公司17日的还盘已失效;
(2)我方有失误。具体有两点:一是我公司不应接受D公司16日的发盘,而应接受其17日的发盘;二是在做出"接受"时,不应用"请确认"等类似字样。

10.(1)根据《联合国国际货物销售合同公约》,A商行不能撤销10月20日的发盘。因为撤销通知在受盘人发出接受通知之后才送达受盘人,该撤销无效。

(2)A商行与B公司之间的合同已经成立。因为A商行的发盘经B公司的有效接受,合同即告成立。

11.本案处理应从以下几点考虑:

(1)中美均为《联合国国际货物销售合同公约》的缔约国。该笔业务未排除《联合国国际货物销售合同公约》的适用,理应适用《联合国国际货物销售合同公约》的规定。

(2)《公约》规定,对发盘表示接受但做出非实质性变更时,除发盘人在不过分延迟的期间内通知反对其间的差异外,仍构成接受。如发盘人不做这种反对,合同条件就以该项发盘的条件以及接受通知内所载的更改为准。

(3)包装的变更不属于实质性变更发盘的内容。合同应按"装入新袋"的条件成立。

(4)综上所述,美商复电已构成接受,合同成立。如美商拒不履约,我方应按《联合国国际货物销售合同公约》规定向美商提赔。

12.有道理。依据是:

(1)中美双方均为《联合国国际货物销售合同公约》的缔约国,本案当事人未排除《联合国国际货物销售合同公约》的适用,理应适用《联合国国际货物销售合同公约》规定。

(2)根据《公约》规定,B公司的回电是对原发盘内容的实质性更改,已构成还盘,且A公司未作答复,因此合同未成立。A公司有权拒绝发货并退回信用证。

13.合同已成立。理由是:

(1)中美均为《联合国国际货物销售合同公约》的缔约国,双方未排除《联合国国际货物销售合同公约》的适用,理应适用《联合国国际货物销售合同公约》规定。

(2)美商发盘是不可撤销的。一是因为我方询盘中已明确告知对方我方邀请发盘的意图;二是美方知悉我方意图后向我方发盘,我方有理由相信该项发盘是不可撤销的,并已本着该项信赖行事,参与了投标;三是该项发盘未规定有效期,应视为合理时间有效,本案例合理时间应为开标后若干天。

(3)美商10月22日来电撤销发盘,我方立即拒绝,撤销不成立。《联合国国际货物销售合同公约》规定,一项发盘,受盘人有理由信赖该项发盘是不可撤销并已本着该项信赖行事,该项发盘不能撤销。

(4)我方中标后立即通知对方接受,接受生效,双方合同成立。

14. 按照《联合国国际货物销售合同公约》,A、B双方存在合同关系。按《联合国国际货物销售合同公约》规定,一项发盘在被发盘人发出接受通知前通知被发盘人,发盘可以撤销,但本案A商做出撤销发盘通知前,B商已做出接受。A商撤销不能成立,B商接受于8月10日上午到达A商时生效,合同成立。

15. (略)

16. (略)

八、操作题(略)

第八章　进出口合同的履行

一、名词解释

1. 托运单

指托运人(发货人)根据外销合同条款和信用证条款内容,填写向对外贸易运输公司或其他有权受理对外货运业务的货运代理公司办理货物托运的单证。

2. 装货单

英文全称为Shipping Order,简称S/O,又名关单,俗称下货纸,是接受了托运人提出装运申请的船公司或外轮代理公司签发给托运人或货运代理人的单证,同时也是命令船长将单上货物装船的单证。

3. 大副收据

指货物装船后,承运船舶大副签发给托运人,表示已收到货物并已装船的货物收据。

4. 商业发票

指出口企业开立的凭以向买方收款的发货价目清单,它是装运货物的总说明。

5. 海关发票

指按某些国家的规定,在进口货物时,必须按进口国海关规定的一种固定格式和内容所缮制的发票。它是由出口方逐项填写,进口方据此办理货物的进口报关手续。

6. 出口押汇

指出口地银行(议付行)在审单无误的情况下,根据信用证条款买入出口商的汇票和单据,按照票面金额扣除议付费用和从议付日到估计收到票款之日的利息,将净数按议付日外汇牌价折成人民币付给外贸公司。

7. 收妥结汇

又称"先收后结",指议付行收到外贸企业提交的单据后,经审核无误,将单据寄往国外付款行索汇,待收到国外银行将价款转入议付行账户的贷记通知书时,即按当日外汇牌价,折成人民币付给外贸公司。

8. 定期结汇

指议付行根据向国外银行索偿的邮程远近,预先确定一个固定的结汇期限,到期后主动将票款金额折成人民币付给外贸公司。

9. 形式发票

又称预开发票,指进口方为了向其本国当局申请进口许可证或请求核批外汇,在未成交前,要求出口方将拟出售成交的商品名称、单价、规格等条件向进口方开立的一种非正式的参考性发票,它不能交给银行议付。

10. 双到期

指信用证只规定议付到期日,而未规定装运期,或信用证中规定装运期限的最后一天与信用证到期日为同一天。

二、填空题

1. 货;证;船;款

2. 是承运人确认承运货物的证明;是海关对出口货物进行监管的单证;是承运人通知码头仓库或装运船舶接货装船的命令

3. 合同;有证有货;有证无货;无证有货;无证无货;信用证;证;货;船

4. "Freight Prepaid";"Freight Collect"

5. 正确;完整;及时;简明;整洁

6. 开证行名称;信用证号码;开证日期

7. 有错当查

8. 开证行

9. 开证申请人

10. 合同的买方;合同的买方

11. 支付货款;收取货物;收取货款;移交单据;转移货物所有权

12. 诚实信用

13. 承运人;保险公司;卖方

三、判断题

1. × 2. × 3. √ 4. × 5. × 6. × 7. × 8. × 9. × 10. ×
11. × 12. × 13. × 14. × 15. × 16. × 17. × 18. ×

四、单项选择题

1. B 2. B 3. C 4. C 5. C 6. B 7. C 8. C 9. B 10. A 11. B 12. D 13. C 14. C 15. C

五、多项选择题

1. BC 2. ABCD 3. ABDE 4. ABD 5. ADE 6. ACDE

六、简答题

1. 卖方的基本义务：按照合同规定，交付货物，移交一切与货物有关的单据和转移货物的所有权。

2. 履行出口合同的基本程序是备货、催证、审证和改证、租船订舱、报验、投保、报关、装船和制单结汇等，其中以"货、证、船、款"四个方面的工作最为重要。

3. (1)催证的原因是：①签约时间过早，为防对方疏忽应予提醒；②货已备齐打算提前装运，亦不妨催外商提前开证；③外商未按期开证，则应及时催促，以防对方有借口；④对方资信欠佳的客户应抓紧督促。

(2)审证的原因是经常发现来证内容与合同规定不符。有的是出于疏忽，有的是由于一些国家的习惯或特殊规定所致，有的是因客户对我方政策不了解，也有的是故意玩弄手法。因此，我们对来证必须逐字、逐句、逐项进行仔细认真的审核，避免经济和政治上的损失，保证安全收汇。

(3)改证是指当有不符合我国对外贸易方针政策，影响合同执行和安全收汇的情况出现时，我们必须要求国外客户通过开证行对来证进行修改，并坚持在收到银行修改信用证通知书后才能对外发货，以免发生货物已装出而修改通知书未到的情况，造成我方工作上的被动和经济上的损失。

(4)审证的依据是买卖双方所订立的合同，同时参照国际商会制订的《UCP 600》的有关规定。审核的内容包括：①对开证行与保兑行资信的审查；②对信用证的性质与开证行付款责任的审查；③对信用证金额与货币的审查；④对商品品质、规格、数量、包装条件的审查；⑤对信用证规定的装运期、有效期、到期地点及转运与分批装运的审查；⑥对单据的审查；⑦对投保人、保险险别、投保加成的审查；⑧对其他附加条件的审查。

4. 订舱工作的基本程序主要包括：

(1)各进出口公司填写托运单，作为订舱依据。

(2)船公司或其代理人在接受托运人的托运单据后，即发给托运人装货单。

(3)货物装船之后，即由船长或大副签发收货单。

5. 装船通知有待装船通知和已装船通知之分。其中，待装船通知的内容包括：船名、装货泊位及装船日期。已装船通知的内容包括：合同号、货物的品名、件数、重量、发票金额、船名及装船日期。

6. 制作单据和审核单据的依据是信用证、相关的国际贸易惯例及货物实际装运情况。

7. 我国出口结汇有收妥结汇、押汇和定期结汇三种。押汇对出口人有利。因为押汇有利于外贸公司的资金周转，为出口人提供资金融通。

8. 按《UPC 600》的规定，一切信用证均须规定一个到期日和一个交单付款、承兑的地点，或除了自由议付信用证外的一个交单议付的地点。规定的付款、承兑或议付的到期日，将被解释为交单到期日。据此，未注明到期日（即有效期）的信用证是无效的。信用证的有效期还涉及到期地点的问题。一般应争取在出口地到期，若争取不到，则必须提前交单，以防逾期。

信用证还应规定一个运输单据出单日期后必须提交符合信用证条款的单据的特定期限，即"交单期"。若信用证无此期限的规定，按惯例，银行有权拒受迟于运输单据日期21天后提交的单据，但无论如何，单据必须不迟于信用证的到期日提交。

装运期是指卖方将货物装上运往目的地（港）的运输工具或交付给承运人的日期。事实上，不同的运输方式所使用的运输单据的出单日期所表示的交货期是不同的。《UCP 600》明确规定：除非信用证另有规定，用于规定最早及/或最迟装运期的"装运"一词，应理解为包括"装船""发送""接受承运""邮戳日""接受日"和类似词语，以及在信用证要求或允许多式联运单据的情况下包括"接受监管"。若信用证未规定装运期，卖方最迟应在信用证到期日前几天装运。

9. 海关发票（Customs Invoice）是指按某些国家的规定，在进口货物时，必须按进口国海关规定的一种固定格式和内容所缮制的发票。它是由出口方逐项填写，进口方据此办理货物的进口报关手续。

在填制海关发票时，应注意的问题有：

(1) 各国（地区）使用的海关发票，都有其固定的格式，不能混用。

(2) 凡是商业发票和海关发票上共有的项目和内容，必须与商业发票保持一致，不得相互矛盾。

(3) 海关发票上"出口国国内市场价格"一栏应以本币表示，价格应比"FOB"价低。

(4) 如按 CIF 或 CIP 条件达成的交易，应分别列明 FOB 价或 FCA 价、运费、保险费，应注意三者价格的总和应等于 CIF 或 CIP 价。

(5) 海关发票应以收货人或提单的被通知人为抬头人。

(6) 海关发票正面和背面的日期、金额必须一致。

(7)海关发票上的签字必须以个人名义。如要求另加证明人,证明人的签字式样不得与发票、汇票或其他单据的签字者同属一人。

10. 磋商进口交易时,应制定进口商品经营方案,作为采购商品和安排进口业务的依据。

(1)根据国内需要的轻重缓急和国外市场的具体情况,适当安排订货数量和进度。

(2)根据国别(地区)政策和国外市场条件,合理安排进口国别(地区),使采购市场布局合理。

(3)选择资信好、经营能力强并对我们友好的客户作为成交对象。

(4)根据国际市场近期价格,结合采购意图,拟定出价格波动幅度。

(5)根据采购的数量、品种、贸易习惯等选择合理的贸易方式。

(6)根据贸易商品品种、特点、进口地区等确定交易条件。

11. 进口合同基本条款包括:品名、品质、规格、数量、运输、包装、价格、支付、保险、商检、索赔、仲裁、不可抗力。

出口合同的基本条款也包括上列内容,所不同的是,进口合同中保险条款的具体做法是预约保险,而出口合同的投保手续是逐步办理。

12. 进口合同的履行包括开立信用证、租船订舱、装运、办理保险、审单付款、接货报关、检验、拨交、索赔。而出口合同的履行程序是备货、催证、审证、改证、租船订舱、报验、报关、投保、装船、制单结汇。

进口合同按FOB价格条件,出口合同按CIF或CFR价格条件。

13. 进口人签订合同后,按照合同填写开立信用证申请书向银行办理开证手续。信用证的内容应以合同为依据,如品质、规格、数量、价格、交货期、装运期、装运条件及装运单据等,应与合同条款一致,并在信用证中一一作出规定。信用证的开证时间应按合同规定办理,如合同规定在卖方确定交货期后开证,我们应在接到卖方上述通知后开证,如合同规定在卖方领到出口许可证或支付履约保证金后开证,应在收到对方已领取许可证的通知,在银行告知保证金已照收后开证。对方要求改证,对其合理的要求,应及时到开证银行办理改证手续;对不合理的要求,要及时拒绝。

14. 做好进口商品的检验工作应做到以下几点:

(1)由一个独立于买卖双方之外的第三者即检验机构出面,对货物进行检验鉴定,并出具证明;

(2)对进口商品的检验包括商品的质量、数量、包装以及是否安全、卫生要求;

(3)进口货物运达港口卸货时,港务局应进行卸货核对,并检验货物是否有短缺。

(4)卸货时发现残损,货物应存放于海关指定仓库,待保险公司会同商检局检验后做出处理。

15. 进口商发现货损货差后,应根据商检局出具的证书,依照不同情况,向卖方、保险公司或承运人索赔。

(1)向卖方索赔,应在合同的索赔期内提出,合同未规定时,根据《联合国国际货物销售合同公约》,在买方实际收到货物 2 年内提出。

(2)向承运人索赔,按《海牙规则》应在货到目的港交货后 1 年内提出。

(3)向保险人索赔,根据中国人民保险公司《海洋运输货物保险条款》,应在目的港货物卸离海轮后 2 年内提出。

七、案例分析题

1. 我方有理由拒绝赔偿。因我方与国外客户签订的是 CIF 科伦坡出口货物合同,并已取得清洁提单和保险单。CIF 属于象征性交货,单据买卖,交单就意味着交货,因此买方没有理由拒付。再则,CIF 条件下,我方已代买方购买保险并取得保险单,货物越过船舷之后的风险理应由买方负责,所以我方不负赔偿责任。买方应合理确定索赔对象。

2. 我方公司不应降价,因为根据《UCP 600》规定,同一船只同一航次中多次装运货物,即使提单表示不同的装运日期及不同装运港口,也不作为分批装运看待,所以我方并没有违反信用证中"不准分批装运"之条款,完全有理由按原议定价格取得货款。

3. A 公司处理不当,根据《UCP 600》规定,商业发票中的货物描述,如货物名称等必须与信用证相符,其他一切单据只要不与信用证规定的货物描述有抵触,可使用货物统称。因此,银行以单单不一致为理由拒绝付款是没有根据的,我方应严正要求银行按国际惯例的做法偿付款项,以维护自身利益不受侵犯,而不应降价处理。

4. 东方贸易公司应以事实为依据坚决要求银行付款。因为东方贸易公司和外商签订的合同要求以不可撤销信用证付款,根据《UCP 600》规定,在信用证有效期内,未经受益人同意,开证行不得片面修改和撤销,而开证行于 10 月 5 日对 9 月 24 日的电开信用证进行的修改,东方贸易公司未表示同意。因此,应以 9 月 24 日开的信用证为准,东方贸易公司提供的单据符合信用证要求,银行应偿付货款。

5. (1) A 公司要在交易之前对客户的资信情况进行全面调查,了解客户的经营作风、商业信用、商业道德、服务态度等。

(2)由于Ｂ公司所交货物完全不符合合同的规定,因此,虽然Ａ公司已经支付货款,但仍可向Ｂ公司提出索赔。

6.由于付款时间是在交货前半年,因此在这段时间内,如美国Ｂ公司宣告破产,则我国Ａ公司最后会钱货两空,既付了货款,又拿不到货。

7.我方吸取的教训是:

(1)应及时做好对进口货物的检验与鉴定,为索赔提供强有力的证据;

(2)必须在约定的索赔期限内,向责任方提出索赔,否则过期失效;

(3)合同中规定的索赔期限太短,尤其是对设备的进口合同,应考虑我方的实际可能,合理规定一个索赔期限。

8.(1)外贸公司最迟应于7月25日将单据交银行议付。理由:按照《UCP 600》的规定,信用证除规定一个交单到期日外,还应规定一个运输单据出单日后必须向银行提交单据的特定期限,银行有权拒收迟于运输单据日期21天提交的单据。因此本案中,外贸公司不得晚于7月25日交单。

(2)本批货物最多可装1 000公吨,最少可装9 500公吨。理由:根据《UCP 600》规定,如信用证未规定数量不得增减,只要支取的金额不超过信用证规定的金额,非包装类货物数量可有5％的增减幅度。据此,本案可少交5％,即交950公吨,最多也只能交1 000公吨。

9.(1)不成立。《UCP 600》规定:除非信用证另有规定,商业发票无须签字。因此,商业发票上没有受益人的签字也应认为单证相符。

(2)不成立。《UCP 600》规定,全套正本提单可以是一份或一份以上的正本提单。因此,本证下正本提单是一份组成,应属相符交单。

(3)成立。《UCP 600》规定,信用证未规定保险金额,则最低保险金额为CIF或CIP金额加成10％。本案保险金额与发票金额相等,因此,投保金额不足,构成单证不符。

(4)成立。《UCP 600》规定:承运人、船长或代理人的任何签字必须标明其承运人、船长或代理人的身份。代理人的任何签字必须标明其代表承运人还是船长签字。因此,出单人不表明身份应属单证不符。

10.本案例因对信用证中加列的条款有不同的解释,故可能产生两种不同的后果:

其一:开证行不能拒付。

理由:(1)信用证规定的条件只是说明付款时间;(2)货到港后,只要单证相符,不管货物好坏,开证行均应付款。

其二：开证行有权拒付。

理由是：(1)信用证加列的条款是开证行提出的前提条件；(2)货物途中受损，未能满足信用证中规定的条件。因此，在实际工作中，必须严格审证，以免造成被动和损失。

八、操作题(略)

第九章　贸易方式

一、名词解释

1. 包销

即独家经销(Exclusive Distribution)，是出口商通过与国外包销商签订包销协议，给予包销商在一定时期和一定地区内承包销售某种或某类商品的独家专营权，由包销商承购后自行推销的一种贸易方式。

2. 代理

指货主或生产厂商(委托人)在规定的地区和期限内，将指定的商品交由国外客户(代理人)代为销售的一种贸易方式。

3. 寄售

即Consignment，是一种委托代售的贸易方式，它属于国际贸易中的习惯做法之一。

4. 拍卖

指专门经营拍卖业务的拍卖行在规定的时间和地点，按照一定的章程和规则，将货物向买主公开展示，由其相互出价竞购，最后由拍卖人把货物卖给出价最高的买主的一种贸易方式。

5. 独家代理

指委托人给予代理商在一定地区和一定期限内享有代销指定货物的专营权，只要在一定地区和规定的期限内做成该项货物的交易，无论是代理商签约，还是由委托人直接签约，代理商都按成交金额提取现金。

6. 招标

指招标人(买方)在一定时间、地点发出招标公告或招标单等，提出准备买进的商品品种、数量和有关的买卖条件，邀请卖方投标的行为。

7. 期货交易

又称期货合同交易或纸合同交易。它是在商品交易所早期的实货交易的基础上发展起来的一种特殊的交易方式。它是指在期货交易所内，按一定的规章制度进行的期货合同的买卖。

8. 套期保值

又译"海琴",一般是指从事实货交易的工商业主或农场主为了转移风险,避免因价格波动而带来损失的一种措施。通常的做法是,在卖出或买入实际货物的同时,在期货市场上买入或卖出同等数量的期货。

9. 补偿贸易

指交易的一方在对方提供信贷的基础上进口设备、技术,然后用向对方回销上述设备、技术所生产的产品、其他产品或劳务所得的价款,分期偿还引进设备、技术的价款及利息。

10. 加工贸易

指进口原材料,经加工制造成产成品后再出口的贸易方式。其目的是为利用国内的生产能力和劳动力资源取得外汇收入。

二、填空题

1. 专营权

2. 总代理;独家代理;一般代理

3. 买卖关系;委托代理关系

4. 招标前的准备工作;投标;开标;评标;中标;签约

5. 取得和研究招标书;编制投标书;提供投标担保;递送投标书

6. 增价拍卖;减价拍卖;密封递价拍卖

7. 规定最低售价;随行就市;销售前征得寄售人同意

8. 实物交易;期货合同交易;实物;投机买卖;套期保值

9. 买进;买空;卖出;卖空

10. 进料加工

11. 易货;互购;产品回购;转手贸易;抵消贸易

12. 信贷;直接补偿;间接补偿;劳务补偿;综合补偿

13. 来料加工;来件装配;来样加工;补偿贸易

三、判断题

1. × 2. √ 3. √ 4. √ 5. × 6. × 7. √ 8. √ 9. × 10. √
11. √ 12. × 13. √ 14. √ 15. × 16. × 17. √ 18. × 19. √ 20. ×

四、单项选择题

1. B 2. C 3. C 4. A 5. C 6. A 7. C 8. B 9. A

五、简答题

1. 包销协议主要内容如下:

(1)协议的名称、签约日期和地点；

(2)包销协议双方的关系；

(3)包销商品的范围；

(4)包销地区；

(5)包销期限；

(6)专营权；

(7)包销商品数量或金额；

(8)商品的作价办法；

(9)商标保护、广告宣传和市场报导。

2. 代理协议主要内容包括下列几项：

(1)协议双方的当事人及相互关系；

(2)代理的商品和区域；

(3)授予代理人的权利；

(4)最低成交金额的规定；

(5)代理人的佣金条款；

(6)协议的有效期及终止条款；

(7)非竞争条款；

(8)关于向委托人提供市场情报、广告宣传和保护商标等条款。

3. 包销与代理的区别主要表现在：

(1)当事人的关系不同。在包销方式下出口商与包销商之间是买卖关系；代理方式下，委托人与代理人之间则是委托代理关系。

(2)由于当事人的关系不同，所以在包销方式下，包销商要利用自己的资金从出口商那里购进商品，再转卖当地客户，要承担商业风险，自负盈亏；在代理方式下，代理人在委托人的授权范围内，在当地推销商品，不承担履约的责任，不承担交易的盈亏及商业风险。

(3)在包销方式下，包销商是以低价购进，高价售出，通过经营赚取商业利润；代理方式下，代理人通过为委托人出口销售提供服务而获取佣金。

4. 独家代理协议通常包括以下主要内容：

(1)协议名称；

(2)独家代理的权限和义务；

(3)独家代理权的授予及其对等权利；

(4)代理佣金条款；

(5)商情报告及售后服务等规定；

(6)例外规定。

5. 在出口业务中,采用包销方式时应注意以下内容:

(1)包销方式有利于利用包销商的销售渠道而巩固和扩大市场,但同时又可能使供货商过于依赖包销商,在采用包销方式时应当注意考察其经营实力、资信情况、商业地位以及政治态度。

(2)在包销协议中适当规定包销商品的范围、区域以及最低包销数量或金额,对超额部分应给予包销商一定的奖励。

(3)在包销协议中应制定中止或索赔条款以防止包销商垄断市场、压低货价或经营不善而损害供货商的利益。

6. 寄售与正常的出口销售相比,具有以下几个特点:

(1)寄售是先出运后成交的现货交易。正常的出口是先成交(签订买卖合同),后发货。在寄售业务中,寄售人先将货物运至目的地市场(寄售地),然后经代售人在寄售地向当地买主销售。因此,寄售是凭实物进行买卖的现货交易。

(2)寄售人与代销人之间是委托和受托关系。除非另有规定,代销人只能根据寄售人的指示处置货物,他对货物只有控制权而不享有所有权。在货物卖给真正的买主之前,所有权一直属于寄售人。

(3)风险及费用的划分也不同于正常出口。在寄售方式下,只有当货物在寄售地卖出时,风险才由寄售人转移给买方。风险转移之前的各种费用,包括运费、保险费、进口税、仓储费等,一般由寄售人负担。

7. 寄售商品的作价方法通常有三种:

(1)规定最低售价,委托人在寄售协议中规定一个价格,授权代销人只能按照限价或在最低价之上出售货物。通常,该价格应被明确规定是含佣价还是净价。

(2)随行就市。委托人授权代销人可根据当地市场情况,在不低于市价的条件下,自由出售货物。

(3)销售前征得寄售人意见,就是说以什么价格出售商品要由寄售人决定。这种做法使用较普遍。

8. 招标人对投标人的生产能力、财务状况及信用情况预先进行审查,审查合格的投标人方有资格参加投标,即所谓资格预审。其目的在于,完整了解投标人的信用状况以及在中标签约后的履约能力或当无法履行合同时,是否具有赔偿能力等,以保证招标目的的实现。

9. 国际货物的拍卖方式具有以下特点:

(1)拍卖是在一定的机构内有组织地进行的;

(2)拍卖具有自己独特的法律和规章;

(3)拍卖是一种公开竞买的现货交易。

其一般程序是：

(1)拍卖的准备阶段。拍卖人挑选拍卖货物并加以整理编号，印发拍卖目录，刊登广告。

(2)买主察看货物阶段。

(3)正式拍卖阶段。

(4)付款提货阶段。

10.拍卖的叫价方法一般有三种：

(1)买方叫价：又称"增加拍卖"，首先，由拍卖人宣布该项商品的预定最低价格(往往由拍卖行同卖主间商定，有时请有经验的机构鉴定价格)。然后，由买者间竞相加价，有时拍卖行规定每次加价的金额限度。直到不再加价时，拍卖人击槌成交，该项(批)货物卖给最后出价最高的人。

(2)拍卖人叫价：又称"减价拍卖"或"荷兰式拍卖"，拍卖人提出一项(批)货物并喊出最高价格，然后逐渐减价叫价，直到有某一买主表示接受购买为止，击槌成交。

(3)拍卖式招标：又称"密封递价拍卖"，拍卖人公布每项(批)商品的详细情况和拍卖条件，由买主在规定时间和地点将自己的出价密封递交拍卖人，拍卖人比较所有买主出价后，将货物卖给适合的买主并公布买主姓名。这种方式已失去了公开竞买的特点，采用这种方式，拍卖人不一定接受最高的递价，还要考虑其他因素。

11.通过拍卖成交的商品通常是品质难以标准化、难以久存、价格贵重或按传统习惯以拍卖出售的商品，如裘皮、茶叶、烟草、羊毛、木材、水果以及古玩和艺术品等。

拍卖是一种竞买方式，在拍卖中心，有大量买主充分竞争，容易卖得好价，这对卖主是最为有利。但有时，竞买者为了自己单方面的利益，上下串通，联合压价，对卖主卖高价极为不利。

12.期货交易有如下特征：

(1)以标准合同作为交易的标的。

在期货交易中，买卖双方交易的不是实际的货物，而是代表商品所有权的期货合同。

(2)特殊的清算制度。

商品交易具有自己特殊的清算制度，并由专门的清算机构办理清算事宜。有的交易所内设有清算所，有的则委托某一金融机构负责清算。清算所是指负责对期货交易所内进行的期货合同进行交割、对冲和结算的独立机构。

(3)严格的保证金制度。

期货交易都是先成交,后清算。为确保合同的顺利履行,交易所都规定有严格的保证金制度。

期货交易的做法有许多,其中最常见的是套期保值和投机交易。

套期保值者在期货市场上的做法有两种:卖期保值和买期保值。

A 卖期保值(Selling Hedge)的基本做法是,在买进实际货物的同时,在期货交易所卖出相等数量的期货合同,以防实际货物价格下跌;B 买期保值(Buying Hedging)的基本做法是,在卖出实际货物的同时,在期货交易所买入相等数量的期货合同,以防实际货物价格上涨。

投机交易期货市场上重要的投机活动是买空和卖空。

买空(Long,Bull)又称多头,即投机商在预计价格将出现上涨时,先买进期货合约,使自己处于多头部位。

卖空(Short,Bear)又称空头,即投机商在预计价格将出现下跌时,先抛出期货合约,使自己处于空头部位。

13. 对外加工装配业务的主要特点有:

(1)不属于一般的货物买卖。对外加工装配所需要的原材料、零部件以及成品的所有权始终属于委托方,承接方一般只提供劳务并收取约定的工缴费;

(2)对外加工装配业务中的承接方只负责加工合格成品,不负盈亏,不承担销售风险,只赚取工缴费用,是原材料与成品出口结合起来的整件交易,实质上是以商品为载体的劳务出口。

14. 我国开展对外加工装配业务的作用主要表现在:

(1)可以发挥我国劳动力资源的优势,扩大就业,增加收入,发展经济;

(2)利用我国的技术设备,补充国内资源或原材料的不足,扩大出口货源;

(3)通过加工装配业务,学习国外先进的工艺技术,有利于提高生产、技术和管理水平,从而增强我国产品在国际市场上的适销性和竞争能力。

但应注意:

(1)合理确定工缴费,维护承接方的利益,防止各加工单位自相竞争,降低收费标准,损害国家利益;

(2)逐步增加国产料件在加工中的比重,有条件时应争取过渡到自营出口;

(3)提高加工装配产品的技术层次,逐步实现以劳动密集型加工为主到以资本密集型、技术密集型加工为主的转变;

(4)严格审批制度,加强监督管理。加工装配业务应尽量避免影响正常出口,加强海关对料件和成品的出入境监督,防止走私、偷漏税和套汇。

15. 补偿贸易是指在信贷的基础上进口设备,然后以回销产品或劳务所得价款,分期偿还进口设备的价款及利息。

直接补偿有利于充分发挥引进设备的生产能力,扩大出口,而且能够保证直接补偿商品的质量。

间接补偿的手续比较繁杂,还需涉及第三者(间接产品供货方)的利益,而且不容易找到使设备供应满意的补偿产品。

16. 补偿贸易业务复杂、牵涉面广,在采用时应审慎处理,严格核算,在实践中应注意以下问题:

(1)进口的设备应适应我国国民经济的发展需要,有利于发挥我国劳动力资源等优势,技术上应控制污染而且是较为先进的,防止重复引进。

(2)尽量争取以制成品直接补偿,争取较优惠的信贷条件,运用产品返销以利于企业核算。

(3)谨慎选择补偿贸易的客户对象。

(4)坚持先收后付的基本原则,合理规定返销产品的作价方法。外资偿还期原则上越短越好,但也可根据情况做相应规定。

(5)实行多边补偿时,如果承担回购义务的第三方未能如约履行其回购义务,或承担提供间接补偿产品的第三方未能如约提供,则原设备出口方与进口方仍应分别承担相应的责任。对此在有关协议中应作明确的规定。

17. 来料加工与进料加工都是属于"两头在外"的加工贸易方式,但两者又有区别:

(1)进料加工中,原料进口和成品出口是两笔不同的交易,均发生了所有权的转移;来料加工业务中,原料运进和成品运出均未发生所有权的转移,属于一笔交易。

(2)进料加工中,我方赚取的是由原料到成品的附加价值,承担市场销售的风险;来料加工中,我方赚取的是加工费,无须承担商品的销售风险。

进料加工应注意:

(1)进料加工项目要求我方具有一定的生产能力,加工技术及加工后的商品质量能够满足国际市场需要;

(2)加工商品在国际上有销路;

(3)确实能以进养出,具有经济效益。

18. 乙方所提条件对甲方不利。因乙方虽对甲方提供了信贷,但未承诺回购产品义务,只表示愿意作为被委托人帮助甲方推销产品,这既不符合补偿贸易的做法,又对甲方极为不利。甲方可能会因产品销售情况不好而无法抵偿乙方的设备价款,而使双方发生纠纷。

六、案例分析题

1. 此案中,我方外贸公司有失误的地方。按《国际保险业惯例》,保险责任的起讫采用仓至仓条款,不包括货在卖方或买方仓库内的风险,我国保险公司也是这样规定的。这笔业务中,货物是在进入买方仓库后发生的损失,保险公司不负赔偿责任。教训是:

(1)作为卖方应了解保险公司的保险条件,对标书内的保险期限进行修改,以便签订一个符合惯例的保险条款。

(2)此合同为 CIF 合同,应凭单交货,凭单付款,在支付条件中另加 10% 货款待货到目的地收货人仓库经买方检验无误后汇付这一限定条件,实际上改变了该合同的性质,对我方十分不利。

(3)因为本合同为 CIF 条件,风险在装运港船舷转移买方,货在买方仓库的损失理应由买方负责。可由于我方接受了合同中的检验后汇付 10% 的规定,使我方丧失了按期如数收汇的主动权。

2. 中方不应承担责任。根据《联合国国际货物销售合同公约》第 41 条和 42 条的规定,卖方所交付的货物必须是第三方不能根据工业产权或其他知识产权主张任何权利或要求的货物,但以卖方在订立合同时已知道或不可能不知道的权利或要求为限。同时还规定此项权利或要求的发生,若是由于卖方要遵照买方所提供的技术图样、图案、程式或其他规格所致,则卖方不承担义务。

此案中,中方是按照埃及商人所提供的图纸加工制造机床的,且不知道该商品有专利权,所以不承担责任。

3. 该内地公司不应承担法律责任。根据《联合国国际货物销售合同公约》第 41 条和 42 条的规定,卖方所交付的货物必须是第三方不能根据工业产权或其他知识产权主张任何权利或要求的货物,但以卖方在订立合同时已知道或不可能不知道的权利或要求为限。同时还规定此项权利或要求的发生,若是由于卖方要遵照买方所提供的技术图样、图案、程式或其他规格所致,则卖方不承担义务。

该内地公司按香港 A 公司来样加工生产此商品,按期交货是该内地公司的义务。香港 A 公司冒用别人商标,该内地公司不知道,故与其无关,应由香港 A 公司承担法律责任。

该内地公司应吸取的教训是,凡是来料、来样加工或定牌生产,在与外商或我国港、澳、台商人谈判时应明确是否有侵权行为。他们否定时,还应在合同中注明,凡是侵犯第三者利益的,生产加工方概不负责。

第三部分 国际贸易实务自测题

国际贸易实务自测题(一)

一、名词解释
1. INCOTERMS
2. F. I. O. S. T.
3. CLEAN ON BOARD B/L
4. MORE OR LESS CLAUSE
5. OFFER

二、填空题
1. 用实物表示商品品质的方法包括_____和_____。
2. 在国际贸易中,按商品重量计价时,一般都是以_____计算,但在计收运费时,如果按重量计收,则以_____计收。
3. 中性包装分为_____和_____两种。
4. 《国际贸易术语解释通则》是_____年制订的。
5. 海洋运输按照船舶经营方式不同,分为_____和_____两种。
6. 共同海损与单独海损的主要区别在于:_____和_____。
7. 按照中国人民保险公司《海洋运输货物战争险条款》规定,载货轮船抵达目的港如不马上卸船,则从_____起满_____天保险公司不再负责。
8. 信用证结算方式的特点是"一个原则,两个只凭"。一个原则是指_____;两个只凭是指_____和_____。
9. 分期付款与延期付款中物权的转移时间不同,前者是在_____转移,后者是在_____。
10. 国际贸易中的支付工具主要有_____和_____。

三、判断题
(　　)1. 按 CFR、CIF、CPT、CIP 等术语成交时,卖方均应自负风险和费用办理货物的出口手续,并提交有关单据。

(　)2. 包装标志包括运输标志、指示性标志和警告性标志,在买卖合同以及有关运输的单据中,对这三种标志的内容都应作出明确规定。

(　)3. 出口茶叶,因其在运输途中容易受潮,所以在投保一切险的基础上,还应加保受潮、受热险。

(　)4. 平安险的英文原意为"单独海损不赔",也就是说,投保该险时,保险人对所有单独海损造成的后果不负责任。

(　)5. 在国际招标业务中,招标人既可选定中标人,也可宣布招标失败而拒绝全部投标。

(　)6. 来料加工是同时进行的一笔交易,而进料加工是分别进行的两笔或多笔交易。

(　)7. 保兑行审核单证无误而付款后,若开证行倒闭或无理拒付,则保兑行有权向受益人索回货款。

(　)8. 某外商来电要我方提供大豆,按含油量18%、含水分14%、不完善粒7%、杂质1%规格订立合同,对此我方可以接受。

(　)9. 在国际贸易中,一项合同的有效成立都必须经过询盘、发盘、还盘、接受和签约等五个环节。

(　)10. 在约定的品质机动幅度或品质公差范围内的品质差异,除非另有规定,一般不另行增减价格。

(　)11. 有关当事人一旦接到不可抗力事故的通知,无论同意与否,都应及时给另一方答复,否则将被对方视为默认。

(　)12. 托收方式下,银行只是作为受托人替出口人收款,它没有检查单据的义务因此,如果出口人出具伪造的单据,造成进口人损失的,银行不承担责任。

(　)13. 买期保值是经营者在买进一批实货的同时,在商品交易所卖出一批同数量同期限的期货合同。

(　)14. 我国在采用定牌和无牌出口时,除非买卖双方另有协议,一般都应在出口商品和包装上注明"中国制造"字样。

(　)15. 我方按CFR贸易术语进口时,在国内投保了一切险,保险公司的责任起迄应为仓至仓。

(　)16. 不可撤销信用证列有装运期而未列有效期,按《UCP 600》规定,应在最后装运期前向银行交单。

(　)17. 发盘必须明确规定有效期,未规定有效期的发盘无效。

( )18. 出口商品换汇成本越低,则亏损率越小。

( )19. 在交易磋商中,发盘必须由卖方作出,而接受必须由买方作出。

( )20.《UCP 600》规定,受盘人可以根据发盘的要求以开立信用证的方式表示接受。

( )21. 如合同中规定装运条款为"2007年7、8月装运",则卖方必须将货物于7月、8月两个月内装运,每月各装一批。

( )22. 国外开来信用证规定最迟装运期为2007年7月31日,议付有效期为2007年8月15日。船公司签发的提单的日期为2007年7月20日,受益人于8月14日向议付行交单。按惯例,银行应予议付。

( )23. 在投保一切险后,货物在海运途中由于任何外来原因造成的货损货差,保险公司均应负责赔偿。

( )24. 我国商品检验局对一般货物签发的证书,其有效期通常为两个月。

( )25. 在承兑交单业务中,由代收行对汇票进行承兑后,向进口人交单。

( )26. 可转让信用证的第一受益人可要求转让行将信用证转让给一个或几个第二受益人。

( )27.《ISO 9000》系列标准是国际标准化组织制定的商品生产企业的质量体系认证标准。它不仅有利于提高出口商品的质量,也有利于出口商品生产企业提高管理水平和技术水平。

( )28. 在进出口业务中,进口人收货后发现货物与合同规定不符时,在任何时候都可以向供货方索赔。

( )29. 一批由青岛出口到新加坡的货物,信用证规定不准转船。我方提交银行的提单为直达提单,而船方因故在中途转船,进口人闻悉后通知开证行拒付货款。按规定开证行无权拒付。

( )30. 在国际货物买卖中,当货物的风险转移至买方后,卖方便对货物与合同不符概不负责。

四、单项选择题

1. CIF与DPU的区别,除了交货地点和交货方式不同外,(   )。
   A. 只有风险划分的界限不同　　　　B. 只有费用的负担不同
   C. 风险划分与费用的负担都不同

2. 按照《联合国国际货物销售合同公约》的规定,卖方交货数量如超过合同规定数量时,则( )。
   A. 买方有权拒收超过的部分   B. 买方有权拒收全部货物
   C. 买方有权接收全部货物,多收部分无需付款

3. 用班轮运输货物,在规定运费计收标准时,如果采用"A. V",则表示( )。
   A. 按货物件数计收   B. 按货物价格计收
   C. 按货物毛重计收   D. 按重量或体积计收

4. 拍卖的特点是( )。
   A. 卖主之间的竞争   B. 买主之间的竞争
   C. 买主与卖主之间的竞争

5. 某日我方以电报对美国 A 公司发盘,在发盘的有效期内,我方同时收到了 A 商的接受和撤回接受的通知,根据《联合国国际货物销售合同公约》规定,此项接受( )。
   A. 可以撤回   B. 不得撤回,必须与我方签约
   C. 在我方同意的情况下,可以撤回

6. 本票和汇票的共同点是( )。
   A. 二者都是书面支付命令   B. 二者都是书面支付承诺
   C. 本票和汇票业务中都有三个当事人
   D. 本票和汇票都属于资金单据

7. 我国某公司与美国 C 公司达成一笔进口交易,合同规定通过中国银行对外开立不可撤销的、可转让的信用证,证内对转让费未作规定,此项费用应由( )。
   A. 我进口公司负担   B. 第一受益人负担
   C. 第二受益人负担

8. 保理业务与贴现业务的区别之一是( )。
   A. 前者对出票人能行使追索权,后者则无追索权
   B. 两者对出票人均有追索权
   C. 前者对出票人无追索权,而后者则有追索权

9. 在伦敦保险协会货物保险条款的三种主要险别中,保险人责任最小的险别是( )。
   A. A 险   B. B 险   C. C 险

10. 信用证规定贸易术语 CIF,海洋运输,提单上对运费的表示应为( )。

A. Freight Prepaid　　　　　　B. Freight Prepayable

C. Freight Collect　　　　　　D. Freight to be Prepaid

11. 下列有关不可撤销信用证的表述中,正确的是(　　)。

　　A. 不可撤销信用证开立后,开证行在任何情况下,既不能撤销,又不能修改

　　B. 不可撤销信用证开立后,在有效期内,开证行不能撤销,但可以任意修改

　　C. 不可撤销信用证经保兑行保兑后才不能单方面撤销或修改

　　D. 该证在有效期内未经受益人及有关当事人的同意,开证行不能单方面撤销或修改

12. 在国际贸易中,一方发生根本性违约而使另一方受损失的,受损失方依法解除合同后(　　)。

　　A. 无权再提出损害赔偿的要求

　　B. 有权再提出损害赔偿的要求

　　C. 是否有权再提出索赔要根据损失情况而定

　　D. 是否有权再提出索赔,要根据违约方的态度而定

五、多项选择题

1. FOB 与 FAS 贸易术语的相同之处在于(　　)。

　　A. 风险划分均以装上船为界

　　B. 均由卖方负责办理货物的出口手续

　　C. 均由买方负担主要运输费用

　　D. 均适用于水上运输方式

2. 国际标准化组织向各国推荐使用的简化运输标志中不包括(　　)。

　　A. 几何图形　　B. 参考号码　　C. 目的地名称　　D. 重量和尺码

3. 由出口人签发的要求银行在一定时间内付款的汇票不可能是(　　)。

　　A. 商业汇票　　B. 银行汇票　　C. 即期汇票　　D. 跟单汇票

4. 下列有关可转让信用证的说明中,不正确的选项为(　　)。

　　A. 可转让信用证的转让以一次为限

　　B. 用以表明可转让的词语是 Assignable

　　C. 可转让信用证只能由指定的银行转让

　　D. 可转让信用证只能转让给一个第二受益人

5. 在信用证支付方式下,出口人交货后要想得到银行的付款必须做到(　　)。

A. 单证相符　　　　　　　　B. 单单相符
C. 单货相符　　　　　　　　D. 在规定期限内交单

6. 下列有关独家代理的表述中,错误的是(　　)。
A. 独家代理是在一定地区一定时间内对某种商品享有专营权的代理
B. 委托人与代理区域内的客户直接达成交易时,不能付给代理人佣金
C. 出口销售中的独家代理与委托人之间是买卖关系
D. 在独家销售代理协议中均不规定最低成交额

六、简答题

1. 请指出 FCA 术语与 FOB 术语的异同点。
2. 一项有效发盘应具备哪些条件?
3. 何谓预借提单(Advanced B/L)? 预借提单是否合法? 货主基于信用证装船期限关系,先向船运公司商洽借得提单前往银行办理押汇。但后来由于该船所接受订货过多,该批货物发生退关,而此时距下一班轮的时间较长,则货主该采取什么措施? 这些措施能消除货方提出索赔要求的可能性吗?
4. 构成共同海损应具备哪些条件?
5. 国际贸易中常用的支付方式有哪些? 对卖方来说,哪种最好? 为什么?

七、计算题

1. 我国某外贸公司出口某商品 10 公吨,用纸箱装,每箱毛重 22 公斤,净重 20 公斤,体积 0.03 立方米。出口总成本为人民币每公吨 1 221 元,外销价每公吨 300 美元 CFR 卡拉奇。海运运费按 W/M12 级计算。查运价表得知,到卡拉奇 12 级货运费为每吨运费 52 美元。试计算该商品换汇成本及盈亏率各是多少?(设 1 美元折 6.6 元人民币)

2. 一笔进料加工业务,进口原料共用外汇 180 万美元,加工后共出口成品 50 万件,按每件 5.60 美元 CIF 汉堡出口,共支付海运费 364 400 美元,保险费 30 800 美元。试计算该笔业务的外汇增值率是多少?

八、案例分析题

1. 我国某公司向欧洲某商人以 CIF 条件和信用证方式出口货物一批,我方向中国人民保险公司投保了一切险,按规定时间装运了货物,并凭单办理了议付。后接客户来电称,载货船舶在途中发生火灾,货物全部烧毁,要求我方向保险公司提出索赔,否则,必须退回全部货款。问我方应如何处理?为什么?

2. W 国公司与 X 国商人订立一份食品出口合同,并按 X 国商人的要求将该批食品运至某港通知 Y 国商人。货到目的港后,经 Y 国卫生检疫部门抽样化验,发现霉菌含量超过该国标准,决定禁止在 Y 国销售并建议就地销毁。Y 国商人去电请示,并经 X 国商人的许可将货就地销毁。事后,Y 国商人凭 Y 国卫生检疫机构出具的证书及有关单据向 X 国商人提出索赔。X 国商人理赔后,又凭 Y 国商人提供的索赔依据向 W 国公司索赔。对此,你认为 W 国公司应如何处理?为什么?

3. 我国内地某外贸公司以 FOB 中国口岸价与香港某公司成交钢材一批,港商即转手以 CFR 釜山价售给韩国一公司。港商来证价格为 FOB 中国口岸,要求货运至釜山,并在提单上注明"Freight Prepaid"(运费预付)。试分析港商为什么这样做?我们应如何处理?

国际贸易实务自测题(二)

一、名词解释
1. Shipping Mark
2. FCA
3. D/P
4. EDI
5. Unclean B/L

二、填空题
1. 履行国际贸易合同必须坚持_____的原则。
2. 按照《联合国国际货物销售合同公约》的规定,卖方的基本义务是_____、_____和_____。
3. 海运货物保险中,保险人除承保风险和损失外,还承保某些费用,这主要有_____和_____。
4. 《华沙-牛津规则》是由_____制定的。
5. 支付方式按资金的流向与支付工具的传递方向可分为_____和_____两种。
6. 发票上的抬头人,除信用证另有规定外,一般应填写_____。
7. 处理争议的方式有_____、_____、_____和_____。
8. 国际竞争性招标通常采用两种招标方式:(1)_____;(2)_____。
9. 在出口业务中,如果我国采用托收方式,应争取用_____价格术语成交;若争取不到,则应投保_____险。
10. 无牌中性包装是指在商品和包装上均不注明任何_____,也不注明_____的包装。

三、判断题
(　)1. 根据《INCOTERMS 2020》的规定,采用 DPU 组贸易术语成交时,除非有相反规定,否则,卖方没有义务办理保险,所以不必提交保险单。

(　)2. 在采用信用证支付方式出口时,如超过信用证规定的装运期,只要中国银行同意为出口企业出具担保书进行议付,则收汇肯定不会有问题。

(　)3. 在进出口合同中,表示品质的方法很多,为了明确责任,最好采用既凭样品、又凭规格买卖的方法。
( )4. 买卖双方为解决争议而提请仲裁时,必须向仲裁机构递交仲裁协议,否则,仲裁机构不予受理。
( )5. 国际贸易惯例认为,在 FOB 条件下,卖方须承担装船前的费用和风险,并领取出口许可证。
( )6. 只要在 L/C 的有效期内,不论受益人何时向银行提交符合 L/C 所要求的单据,开证银行一律不得拒收单据和拒付货款。
( )7. 在国际贸易中,向保险公司投保"一切险"后,在运输途中由于任何外来原因所造成的一切货损,均可向保险公司索赔。
( )8. 信用证修改通知书有多项内容时,只能全部接受或全部拒绝,不能只接受其中一部分,而拒绝另一部分。
( )9. 海运提单、铁路运单、航空运单都是物权凭证,都可通过背书转让。
( )10. 汇票、本票、支票都可分为即期与远期两种。
( )11. 运输包装上的标志就是指运输标志,即通常所说的"唛头"。
( )12. 按 CIF EXSHIP'S HOLD LONDON 条件成交,卖方应承担从装运港到伦敦为止的费用和风险。
( )13. 按 CIF 条件出口时,保险单的日期不能迟于提单日期。
( )14. 按照我国商检法的规定,法定检验检疫的商品仅指《商检机构实施检验检疫的进出口商品目录》中所列的商品。
( )15. 在技术贸易中,技术一经所有人转让后,其所有权亦随之转移给受让人。
( )16. 包销商与出口商的关系是售定关系。
( )17. 溢短装的决定权由何方掌握,应在合同中作出规定,如未规定,则由卖方掌握。
( )18. 通常所说的"装货单"又叫做"关单"。
( )19. 在出口业务中,我方在收到买方寄来的开证申请书后,即可据此备货,装运出口。
( )20. 援引不可抗力的法律后果是撤销合同或推迟合同的履行。
( )21. 国外开来信用证规定货物数量 3 000 箱,5 月、6 月、7 月每月平均装运。我方某出口公司于 5 月份装运 1 000 箱,并交单议付了货款。6 月份因故未能装运。7 月份装运 2 000 箱。根据《UCP 600》规定,银行不得拒付。

（　　）22. 按照我国保险公司现行保险条款规定，凡已投保战争险的，若再加保罢工险则不另行收费。

（　　）23.《联合国国际货物销售合同公约》规定，一方违反合同，另一方所能得到的损害赔偿金额最多不超过违约方在订立合同时所能预见到的损失金额。

（　　）24. 买方在发价中指出"拟购买我厂在2002年度生产全部铜矿砂，价格按×交易所同类铜矿砂的平均进价计算"，此种报价符合《联合国国际货物销售合同公约》所规定的发价必须十分明确肯定的要求。

（　　）25. 可撤销信用证对于出口人的收汇安全没有保证，因为开证行在任何情况下均可单方面撤销该信用证。

（　　）26. 信用证如要求提供一套清洁已装船的海运提单时，可提交一份正本，其余份数提交副本。

（　　）27. 出口商品检验证书的出证日期和保险单的出单日期均不得迟于提单日期。

（　　）28. 若以FOB条件和程租船运输出口大宗玉米，而卖方不愿承担装船费用时，可用FOB Trimmed变形。

（　　）29. 商业汇票与银行汇票的主要区别在于：前者的付款人是商业企业，后者的付款人是银行。

（　　）30. 签订合同之后发生的货价运价或汇价的变动，只要是当事人没有预见的，均可作为不可抗力事故对待。

四、单项选择题

1. 采用CIF贸易术语成交的交易，卖方交货的地点是在（　　）。
   A. 装运港船边　　B. 目的港船上　　C. 目的港船上　　D. 装运港船上

2. 根据《INCOTERMS 2020》的规定，FOB、FAS、FCA等贸易术语的共同点是（　　）。
   A. 交货地点均在装运港口　　　　B. 都是只适用于水上运输方式
   C. 从装运港（地）至目的港（地）的运费由买方负担

3. 买卖大宗货物并采用（　　）方式时，为了加快装卸速度，通常在合同中规定滞期速遣条款。
   A. 班轮运输　　B. 定程租船　　C. 定期租船　　D. 光船租船

4. 买卖双方以D/P远期T/R条件成交签约，货到目的港后，买方凭T/R向代收行借单提货，事后收不回货款时，则（　　）。

A. 代收行应负责向卖方赔款　　　B. 由卖方自行负担货款损失

C. 卖方与代收行共同负担损失

5. 许可证贸易的标的(　　)。

A. 只是专利和商标　　　　　　B. 只是专有技术

C. 既可是专利、商标,又可是专有技术

6. A 公司向 B 公司出口一批货物,B 公司通过 C 银行开给 A 公司一张不可撤销的即期信用证,当 A 公司于货物装船后持全套货运单据向银行办理议付时,B 公司倒闭,C 银行则(　　)。

A. 以 B 公司倒闭为由拒绝付款　　B. 仍按规定付款

C. 可与 A 协商如何付款

7. 下列有关信用证与买卖合同关系的表述中,错误的表述是(　　)。

A. 信用证是独立于买卖合同之外的契约

B. 信用证的受益人有权根据合同审核信用证

C. 银行只受信用证的约束而与买卖合同无关

D. 信用证与合同不符时受益人无权要求修改

8. 下列哪种情况表示买方接受了货物(　　)。

A. 买方已向银行付款赎单　　　　B. 买方检验了货物

C. 买方提货后把货物出售给了第三者

9. 在买卖合同中有时需要规定罚金条款,但下列有关罚金条款的解释中,错误的是(　　)。

A. 罚金又称违约金,卖方所交货物的品质与合同不符即应支付罚金

B. 罚金条款主要适用于卖方延迟交货或买方延迟开证、延期接运货物

C. 罚金可以从规定的履约期限届满时立即起算,也可规定一段优惠期

D. 违约方支付罚金后,并不能解除其继续履行合同的义务

10. 按 CFR 条件成交时,货物装船后,卖方应及时向买方发出装船通知,这涉及(　　)。

A. 卖方的服务态度问题　　　　B. 发生损失时的法律责任问题

C. 今后业务的发展问题

11. 在国际贸易中,托收是商业信用,信用证是银行信用。下列说法正确的是(　　)。

A. 两者使用的汇票都是商业汇票　B. 两者使用的汇票都是银行汇票

C. 托收使用的是商业汇票,信用证使用的是银行汇票

D. 托收使用的是银行汇票,信用证使用的是商业汇票

12. 在出口业务中,使用"倒签提单"与"预借提单"有利于及时收汇和履行合同,根据这两种做法的性质,我们运用国际惯例和法律原则时,(   )。

   A. 可以积极推广使用　　　　　　B. 应视具体情况适可而止地使用

   C. 原则上不应使用

13. 根据《联合国国际货物销售合同公约》,一项有效的发价必须十分肯定才属有效,所谓十分肯定是指(   )。

   A. 必须包括货价、数量、争议解决条款等内容的肯定

   B. 必须包括货物名称,货物数量或数量的确定方法,货物的价格及价格的确定方法三项基本内容的肯定

   C. 必须包括货物的名称,货物的价格,货物的数量、品质、支付以及争议解决等主要交易条件的肯定

   D. 必须包括货物名称,货物价格、数量、包装、质量、检验检疫等主要交易条件的肯定

14. 托收业务属于商业信用是因为(   )。

   A. 委托人开立的汇票是商业汇票　　B. 在托收业务中没有银行参加

   C. 银行不承担保证付款的义务　　　D. 收取货款是一种商业行为

五、多项选择题

1. 在下列贸易术语中,由卖方负责办理出口报关手续并承担有关费用的是(   )。

   A. EXW　　　　B. FCA　　　　C. FAS

2. 在下列的票据中,属于无条件书面支付命令的是(   )。

   A. 支票　　　　B. 银行本票　　　C. 商业本票　　　D. 汇票

3. 在信用证支付方式下,(   )。

   A. 开证行是在受益人提交了符合合同规定的单据和货物时保证付款

   B. 信用证以买卖合同为基础开立,但它是独立于合同之外的契约

   C. 议付行和开证行既要处理受益人提交的单据,又要处理有关货物

   D. 银行必须严格审核单据,但对于单据的真实性并不承担责任

4. 包销是常见的出口经销方式,在包销方式下,(   )。

   A. 供货商和包销商之间是卖方和买方的关系

   B. 供货商在同一地区和期限内可指定几个包销商

   C. 包销商在经营活动中要自担风险、自负盈亏

   D. 供货商应付给包销商佣金以调动其积极性

5. 交易磋商的过程可归纳为以下四个环节,其中的(　　)是合同成立不可缺少的环节和法律步骤。

　　A. 询盘　　　　B. 发盘　　　　C. 还盘　　　　D. 接受

六、简答题

1. 请指出在《INCOTERMS 2020》中 CIF 术语和 DES 术语的异同点。
2. 一项有效接受应具备哪些条件?
3. 什么是溢短装条款?它包括哪些内容?
4. 规定合同中的装运期条款时,如规定收到 L/C 后若干天装运,对卖方有何利弊?怎样避免其弊端?
5. 支付方式中的 D/P、D/A 与 L/C,对买方来说,何者最佳?何者其次?何者最次?为什么?

七、计算题

1. 出口箱装货物一批,报价为每箱 35 美元 CFR 伦敦,英国人要求改报 FOB 价,我方应报价多少? 已知:该批货物体积每箱长 45 cm,宽 40 cm,高 25 cm,每箱毛重 35 公斤,运费计算标准为 W/M,每运费吨基本运费为 120 美元,并加收燃油附加费 20%,货币附加费 10%。

2. A 公司收到 B 客户来电,询购睡袋 1 000 只,要求按下列条件报出每只睡袋的 CIF 3%悉尼的美元价格。条件:睡袋国内购货成本为每只 50 元人民币,1 000 只睡袋的国内其他费用总计为 5 000 元人民币,A 公司的预期利润为 10%。该睡袋为纸箱装,每箱 20 只。从装运港至 B 的海运费为每箱 20 美元。按 CIF 价加一成投保一切险和战争险,费率合计为 0.8%(汇率为 1 美元折 8 元人民币)。

八、案例分析题

1.我国某公司与非洲A商成交出口货物一批,规定9月份装运。客户按期开来信用证,但计价货币与合同规定不符,加上我方货未备妥,直到11月对方来电催装时,我方才向对方提出按合同货币改证并要求延展装货期。次日A商复电:"证已改妥。"我方据此发运货物,但信用证修改书始终未到。我方持单到开证行时被以"证已过期"为由拒付。我方为收回货款,避免在目的港的仓储费用支出,接受了进口人提出的按D/P·T/R提货的要求。终因进口人未能如约付款而使我方遭受重大损失。请分析此案中我方有何失误?

2.我国某外贸公司8月13日收到某美商发盘,报价某商品300公吨,每公吨CFR中国口岸1 250元,限18日复到。第二天我公司回电:"若单价降至1 200美元可接受,如有争议在中国仲裁。"客户当日回电:"价格不能减,仲裁条件可接受,速复。"此时该商品价格趋涨,我公司17日回电:"接受你13日发盘,信用证已开出。"但客户退回了信用证。请问客户退证有无道理?为什么?

3.我国某外贸公司与荷兰进口商签订一份皮手套合同,价格条件为CIF鹿特丹,向中国人民保险公司投保了一切险。生产厂家在生产的最后一道工序,将手套的湿度降低到最低程度,然后用牛皮纸包好装入双层瓦楞纸箱,再装入20英尺集装箱,货物到达鹿特丹后,检验结果表明,全部货物湿、霉、玷污、变色,损失价值达8万美元。据分析,该批货物的出口地不异常热,进口地鹿特丹不异常冷,运输途中无异常,运输完全属于正常运输。

试问:(1)保险公司对该批货物是否负责赔偿?为什么?
(2)进口商对受损货物是否支付货款?为什么?
(3)你认为出口商应如何处理此事?

国际贸易实务自测题(三)

一、名词解释
1. Counter Sample
2. CPT
3. 倒签提单
4. 信用证
5. 询盘

二、填空题
1. 为避免交货品质与合同稍有不符而造成违约,可在合同条款中做出某些变通规定,灵活制定品质指标,通常使用的是_____条款和_____条款。
2. 运输包装的主要作用在于_____,防止在储存、运输和装卸过程中发生货损货差。
3. 根据《INCOTERMS 2020》的解释,进出口手续及费用均由卖方承担的术语是_____;均由买方承担的术语是_____。
4. 单价通常由四个部分组成,即_____、_____、_____和_____。
5. 在我国出口贸易中,通常使用凭指定空白背书提单,习惯上称之为"_____"。
6. 按照损失的性质,可将海损分为_____和_____两种。
7. 根据我国《海洋运输货物保险条款》,海运货物的索赔期限从被保险货物运抵目的港全部卸离海伦之日起算,最多不超过_____。
8. _____和_____两种支付方式均属于商业信用。
9. 在我国,合同中不可抗力事故范围的规定方法大致有_____、_____和_____。
10. 在国际经济贸易中,解决当事人双方所发生的争议的方式有_____、_____、_____和_____。

三、判断题
(   )1. 如果交易双方既凭样品,又凭规格成交,则要求卖方交货品质只要符合其中任何一种即可。

(   )2. 根据《INCOTERMS 2020》的解释,按 CFR Landed 成交,卖需

负担包括驳船费用、码头捐在内的卸货费用。

( )3. 某合同按 CFR 条件成交,卖方装船后未及时向买方发出装船通知。货物在海运途中遭火灾灭失。根据《INCOTERMS 2020》的解释,由于风险已在装运港船上转移,因此,该损失应由买方负担。

( )4. 清洁提单是指不载有任何批注的提单。

( )5. 海上保险业务中的意外事故仅局限于发生在海上的意外事故。

( )6. 单独海损是由承保风险所直接造成的被保险货物的部分损失。

( )7. 因为共同海损属于部分海损,所以在投保平安险的情况下,对于由于自然灾害产生的共同海损,保险公司是不负赔偿责任的。

( )8. 保险公司对战争险的责任起讫与基本险的责任起讫相同,都是采用仓至仓条款。

( )9. 所有的汇票在使用过程中均需经过出票、提示、承兑、付款几个环节。

( )10. 循环信用证可以省去开证申请人多次开证的麻烦,减少费用支出,因此适用于分批的均匀交货合同。

( )11. 受害人在向违约方索赔时,必须符合合同和有关国家法律的规定。

( )12. 各国仲裁规则均否认对受理的案件进行调解的可能。

( )13. 在我国进出口贸易合同的仲裁条款中,通常选择在我国、在被告国或在第三国仲裁地点。

( )14. 根据《联合国国际货物销售合同公约》规定,一项发盘如规定了有效期,则在有效期内,发盘人不得撤销该发盘。

四、单项选择题

1. 适用于在造型上有特殊要求或具有色、香、味方面特征的商品表示品质的方式是(   )。
   A. 凭等级买卖   B. 凭样品买卖   C. 凭商标买卖   D. 凭说明书买卖

2. 根据《联合国国际货物销售合同公约》的规定,买方如果收取了卖方多交的货物,则多收部分货物的计价应按(   )。
   A. 合同价   B. 装船日的市场价格
   C. 到货日的市场价格   D. 双方议定

3. 国际贸易中,用以表示交易双方风险、责任和费用划分及商品价格构成的专门用语称为(   )。

A. 贸易惯例　　　B. 贸易术语　　　C. 文字概念　　　D. 外文缩写

4. 根据《INCOTERMS 2020》的解释，按 EXW 术语成交的合同中，买卖双方风险划分的界限是（　　）。

   A. 货物存放仓库　　　　　　　B. 出口国工厂

   C. 货交买方处置　　　　　　　D. 出口国交货地点

5. 下列说法中，不属于班轮运输特点的是（　　）。

   A. 具有定线、定港、定期和相对稳定的运费费率

   B. 由船方负责对货物的装卸，运费中包括装卸费

   C. 以运载大宗货物为主

   D. 不规定滞期、速遣条款

6. 在保险人所承保的海上风险中，雨淋、渗漏属于（　　）。

   A. 自然灾害　　　　　　　　　B. 意外事故

   C. 一般外来风险　　　　　　　D. 特殊外来风险

7. 我公司按 CIF 条件出口棉花 300 包，货物在海运途中因货舱内水管渗漏，致使 50 包棉花遭水渍损失，在投保（　　）险别时，保险公司负责赔偿。

   A. 平安险　　　B. 水渍险　　　C. 战争险　　　D. 一切险

8. 根据海运仓至仓条款的规定，从货物在目的港卸离海轮时起满（　　）天，不管货物是否进入保险单载明的收货人仓库，保险公司的保险责任均告终止。

   A. 15 天　　　B. 10 天　　　C. 30 天　　　D. 60 天

9. 某银行签发一张汇票，以另一家银行为受票人，则这张汇票是（　　）。

   A. 商业汇票　　　　　　　　　B. 银行汇票

   C. 商业承兑汇票　　　　　　　D. 银行承兑汇票

10. 可转让信用证可以转让（　　）。

    A. 一次　　　B. 二次　　　C. 多次　　　D. 无数次

11. 在合同中对卖方较为有利的索赔期限可规定为（　　）。

    A. 货物运抵目的港（地）后××天

    B. 货物运抵目的港（地）卸离海轮后××天

    C. 货物运抵最终目的地后××天

12. 在解释上易产生分歧的不可抗力事故是（　　）。

    A. 社会力量事故　　　　　　　B. 政府的行为

    C. 社会异常事故　　　　　　　D. 商业风险事故

13. 以仲裁方式解决交易双方争议的必要条件是（   ）。
    A. 交易双方当事人订有仲裁协议
    B. 交易双方当事人订有合同
    C. 交易双方当事人订有意向书
    D. 交易双方当事人订有交易协议
14. 某项发盘于某月 12 日以电报形式送达受盘人，但在此之前的 11 日，发盘人以传真告知受盘人发盘无效，此行为属于（   ）。
    A. 发盘的撤回　B. 发盘的修改　C. 一项新发盘　D. 发盘的撤销
15. 我方公司对某外商 A 就某产品发盘，下列哪种情况下，双方可达成交易（   ）。
    A. A 商在发盘有效期内表示完全接受我方发盘
    B. 由 A 商认可的 B 商在发盘有效期内向我方公司表示完全接受发盘内容
    C. A 商根据以往经验，在未收到我方发票的情况下，向我方公司表示接受
    D. A 商在有效期内表示接受，但提议将装运日期提前

五、多项选择题

1. 以实物表示商品品质的方法有（   ）。
    A. 看货买卖　　B. 凭样品买卖　C. 凭规格买卖　D. 凭等级买卖
2. 根据《INCOTERMS 2020》的解释，FOB 条件和 CFR 条件下卖方均应负担（   ）。
    A. 提交商业发票和海运提单
    B. 租船订舱并支付运费
    C. 货物于装运港装上船为止的一切风险
    D. 办理出口通关手续
3. 按照《INCOTERMS 2020》的解释，下列术语中风险划分以货交承运人为界的有（   ）。
    A. CPT　　　　B. FCA　　　　C. DAP　　　　D. DDP
4. 我方公司以 CFR 条件进口一批货物，在海运途中部分货物丢失。要得到保险公司赔偿，我方公司可投保（   ）。
    A. 平安险　　　　　　　　　　B. 一切险
    C. 平安险加保偷窃提货不着险　D. 一切险加保偷窃提货不着险
5. 一般由中间商为中介达成的交易，在结算时一般使用（   ）。

A. 可转让信用证　　　　　　B. 对开信用证

C. 预支信用证　　　　　　　D. 对背信用证

6. 国际贸易中的索赔案件多数原因是（　　）。

　　A. 卖方所交货物品质与合同规定不符

　　B. 卖方所交货物数量与合同规定不符

　　C. 卖方不按期交货

　　D. 买方未及时开证

7. 合同中不可抗力条款应包括（　　）。

　　A. 不可抗力事故范围　　　　B. 不可抗力事故处理

　　C. 不可抗力事故发生后通知对方的期限、方式

　　D. 证明文件及出证机构

8. 根据《联合国国际货物销售合同公约》规定，下列情况表示发盘失效的是（　　）。

　　A. 受盘人做出还盘

　　B. 发盘人在发盘明确规定的有效期内表示撤销原发盘

　　C. 发盘有效期届满

　　D. 发盘被接受前，原发盘人破产

9. 根据《联合国国际货物销售合同公约》规定，受盘人对下列哪些内容提出添加或更改，均可作为实质性变更发盘的条件的是（　　）。

　　A. 价格　　　B. 付款　　　C. 品质　　　D. 数量

10. 下列单据，银行有权拒付的是（　　）。

　　A. 迟于信用证规定的到期日提交的单据

　　B. 迟于装运日 15 天提交的单据

　　C. 内容与信用证内容不相符的单据

　　D. 单据之间内容有差距的单据

六、简答题

1.《INCOTERMS 2020》对 FCA 术语下卖方的交货义务是如何规定的？

2. 信用证开证时间的规定方法有哪些？

七、计算题

1. 某公司对某外商报价为每箱 330 美元 FOB 天津新港，后此外国商人要求报 CIF 伦敦价，假设运费每箱 40 美元，保险费率为 0.6%，试计算我方应报的 CIF 伦敦价。

2. 我国某公司出口商品 200 件,每件毛重 95 公斤,体积 100 厘米×40 厘米×25 厘米,查轮船公司运费表,该商品计费标准为 W/M,等级为 8 级,每公吨运费为 80 美元,另收港口附加费 10%,直航附加费 15%。问:该批货物共计运费多少? 我方原报价为 FOB 上海价每件 400 美元,客户要求改报 CFR 价,我方应报多少?

八、案例分析题

1. 中国某公司从国外进口某农产品,合同数量为 100 万公吨,允许溢短装 5%,而外商装船时共装运了 120 万公吨,对多装的 15 万公吨,我方应如何处理?

2. 2007 年 6 月 5 日,我国 A 公司向美国 B 公司寄去订货单一份,要求对方在 6 月 20 日前将接受回复送达 A 公司。该订货单于 6 月 12 日邮至 B 公司。B 公司 6 月 19 日以航空特快专递发出接受通知,事后,当 B 公司催促 A 公司尽早开立信用证时,A 公司否认与 B 公司有合同关系。

请问:依据《联合国国际货物销售合同公约》的有关规定,A 公司的主张是否成立? 为什么?

国际贸易实务自测题(一)参考答案

一、名词解释

1. INCOTERMS

指国际商会制定的《国际贸易术语解释通则》,它是在1936年制定的,后经多次修改,2010年修订本对11种贸易术语作了具体的解释,现已成为重要的国际贸易惯例。

2. F. I. O. S. T.

指在程租船运输中,租船双方约定,船方不负责平舱费和理舱费在内的装卸货费用。

3. CLEAN ON BOARD B/L

即清洁已装船的海运提单,指货物装船完毕后,船公司签发的无任何不良批注的提单。

4. MORE OR LESS CLAUSE

即溢短装条款,指在买卖合同的数量条款中规定可以增减的百分比,但增减幅度以不超过规定数量的百分比为限。

5. OFFER

即发盘,根据《联合国国际货物销售合同公约》的规定,发盘是指向一个或一个以上特定的人提出的订立合同的建议,如果十分确定,并且表明发盘人在得到接受时承受约束的意旨,即构成发盘。一项建议如果写明货物并且明示或暗示地规定数量和价格或规定如何确定数量和价格即为十分确定。

二、填空题

1. 样品;看货成交
2. 净重;毛重
3. 定牌中性;无牌中性
4. 1936
5. 班轮运输;租船运输
6. 造成损失的原因不同;承担损失的后果不同
7. 船舶抵达目的港的当天午夜;15
8. 单据和信用证严格相符;只凭信用证条款办事;只凭单据办事
9. 交货时;付清货款时转移

10. 货币;票据

三、判断题:

1. √ 2. × 3. × 4. × 5. √ 6. √ 7. × 8. × 9. × 10. √
11. √ 12. √ 13. √ 14. √ 15. × 16. × 17. × 18. √ 19. ×
20. × 21. × 22. × 23. × 24. √ 25. × 26. √ 27. √ 28. ×
29. √ 30. ×

四、单项选择题

1. C 2. A 3. B 4. B 5. A 6. D 7. B 8. C 9. C 10. A 11. D
12. B

五、多项选择题

1. BCD 2. AD 3. BC 4. BD 5. ABD 6. BCD

六、简答题

1. FCA 术语和 FOB 术语的共同点是:

(1)从交货地点至目的地的主要运费均由买方负担,运输合同由买方签订;

(2)按 FCA 和 FOB 贸易术语订立的合同均属于装运合同;

(3)从交货的性质看,两者均属于象征性交货,即交单就意味着交货;

(4)二者均由卖方负责出口报关手续等。

二者的区别表现在:

(1)交货地点不同。FCA 是交给承运人,可以是在港口,亦可是车站、机场等,这取决于运输方式;而 FOB 的交货地点是在装运港,卖方将货物交至船上完成交货。

(2)风险划分界限不同。FCA 以货交承运人为风险划分点;而 FOB 则是以装运港越过船舷为风险划分点。

(3)适用的运输方式不同。FCA 术语适合于各种运输方式;而 FOB 术语则适合于水上运输方式。

2. 一项有效的发盘应具备以下四项条件:

(1)向一个或一个以上特定的受盘人提出;

(2)表明在得到接受时承受约束的意旨;

(3)发盘的内容必须十分确定;

(4)发盘必须在有效期内送达发盘人。

3. 预借提单(Advanced B/L)是在信用证规定的装运期和有效期已到而货尚未装船的情况下,承运人应托运人的要求,预先签发的借给托运人的提单。在上述情况下,一旦货物装不上船,货物短损或灭失,托运人与船公司都有责任。

预借提单是非法行为,在国际贸易实务中,一般视船公司开具预借提单为欺诈行为。

本案中托运方已凭预借提单办理押汇,买方(收货人)已开出信用证,但是因货物没有装上船而退关,则买方必将提出索赔。所以托运人应慎重行事,可以考虑请原承运公司选择最合适的船舶装运,取得提单后再向押汇银行说明希望换回原押汇提单。如果提单已寄出无法收回,则只有以原装运公司为托运人,以适当船只装运,权当是补运的货物,收货人可以凭原提单提货。

但是,这些措施不能消除收货方提出索赔要求的可能性。

4. 构成共同海损应具备以下三个条件:

(1)船方在采取紧急措施时,必须确实有危及船、货共同安全的危险存在;

(2)船方采取的措施必须是为了解除船、货的共同危险,并且所采取的措施是有意的、合理的;

(3)所做的牺牲是特殊性质的,支付的费用是额外的,并且是有效果的。

5. 国际贸易常用的支付方式有汇付、托收和信用证。对卖方而言,以信用证方式支付最为有利。因为信用证是银行开立的一种有条件的书面付款保证文件,它是银行信用,只要出口人按信用证规定交货,并提交符合信用证要求的单据,银行保证付款。而汇付和托收均属于商业信用,出口商的风险较大,除了预付货款外,都很难保证安全收汇。

七、计算题

1. 换汇成本 = 出口总成本(人民币)/外汇净收入(美元)

$$= 1\,221 \div [300 - 52 \times 0.03 \times (1\,000 \div 20)]$$

$$= 1\,221 \div 222 = 5.5 (人民币/美元)$$

出口盈亏率 = [(出口销售人民币净收入 − 出口总成本)/出口总成本] × 100%

$$= [(6.6 \times 222 - 1\,221) \div 1\,221] \times 100\%$$

$$= 20\%$$

2. 外汇增值率 = $\dfrac{\text{出口销售外汇净收入} - \text{原料外汇成本}}{\text{原料外汇成本}} \times 100\%$

$$= \left[\frac{(5.6 \times 500\,000 - 364\,400 - 30\,800) - 1\,800\,000}{1\,800\,000}\right] \times 100\%$$

$$= 33.6\%$$

八、案例分析题

1. 我方应拒绝外商的要求。

因为,根据《INCOTERMS 2020》的规定,按 CIF 条件成交,买卖双方的风险划分以装运港装上船为界,货物在装运港装上船后,一切风险均由买方负责。在本案例中,货物是在途中发生火灾,当然应由买方承担责任。

在 CIF 条件下,虽然由卖方办理保险,但这种保险纯属代办性质,办妥保险后将保险单交给买方,即算完成了义务。本案例中,我方办理了保险,并通过银行将保险单转移给了对方。因此,我方在拒绝退回货款的同时,建议买方持保险单直接向保险公司索赔。

2. W 国公司不应赔偿。因为 X 国商人在向 Y 国商人理赔前未向 W 国公司通报任何情况,而且 X 国商人已以货物所有权人身份处理货物,按一般法律原则,X 国商人已丧失了向 W 国公司索赔的权利。所以,X 国商人凭 Y 国商人提供的依据向 W 国公司索赔,W 国公司有权拒绝。

3. 港商这样做是为了简化向韩商的交货手续或企图将运费转嫁给出口方。若运至釜山的运费由港商负担则可以接受。该内地公司具体可以对港商提出以下要求:

(1)港商将运费汇交该内地公司;

(2)在信用证内加列允许受益人超支运费条款;

(3)由港商将运费付给船公司,并从船公司得到确认后,该内地公司照办。

国际贸易实务自测题(二)参考答案

一、名词解释

1. Shipping Mark

即运输标志,习称"唛头"。其主要作用在于使装卸、运输、保管过程中的有关人员容易识别货物,防止错发错运。它通常包含以下几个部分:收货人代号,参考号(合同号或信用证号),目的港标志,件数标志等。

2. FCA

即货交承运人,指卖方必须在合同规定的交货期内,在指定地点将经出口清关的货物交给买方指定的承运人监管,并负担货物交由承运人监管前的一切费用,承担货物灭失或损坏的风险。

3. D/P

即付款交单,指在托收业务中,出口人发货后取得装运单据,委托银行办理托收时,在托收委托书中指示银行,只有在进口人付清货款后才能把装运单据交给进口人。

4. EDI

中文全称为"电子数据交换"或"电子资料交换",指按照协议,对具有一定结构的标准信息,经过电子通讯网络,在商业伙伴的电子计算机系统之间进行交换和自动处理。

5. Unclean B/L

即不清洁提单,它是相对于清洁提单而言的,指载有关于货物或包装外表状况受损或存在缺陷的不良批注的提单。银行一般不接受不清洁提单。

二、填空题

1. 重合同守信用

2. 交付货物;移交一切与货物有关的单据;转移货物的所有权

3. 施救费用;救助费用

4. 国际法协会

5. 顺汇;逆汇

6. 开证申请人

7. 友好协商;调解;诉讼;仲裁

8. 公开招标;不公开招标

9. CIF;卖方利益

10. 商标牌;产地

三、判断题

1. √ 2. × 3. × 4. √ 5. √ 6. × 7. × 8. √ 9. × 10. ×
11. × 12. × 13. √ 14. × 15. × 16. √ 17. √ 18. √ 19. ×
20. √ 21. × 22. √ 23. × 24. √ 25. × 26. √ 27. × 28. ×
29. × 30. ×

四、单项选择题

1. D 2. C 3. B 4. A 5. C 6. B 7. D 8. C 9. A 10. B 11. A
12. C 13. B 14. C

五、多项选择题

1. BC 2. AD 3. BD 4. AC 5. BD

六、简答题

1. 根据《INCOTERMS 2020》的规定,CIF 与 DES 术语的相同之处是:

(1)二者都适用于水上运输方式;

(2)卖方都要负责安排从装运港到目的港的运输,并承担运费。

二者的不同点有:

(1)交货的地点不同。CIF 是在装运港交货;而 DES 是在目的港交货。

(2)交货的性质不同。CIF 是属于象征性交货,交单即为交货;而 DES 是实际交货,卖方必须在约定的目的港把货物交给买方。

(3)风险划分的界限不同。CIF 是以装运港船舷为界划分风险;而 DES 是以目的港船舷为界划分风险。

(4)卖方承担的责任和费用不同。CIF 条件下,卖方是按双方的约定代办运输和保险,并承担正常的运费和保险费;而 DES 条件下,卖方要承担将货物运至指定目的港的一切费用和风险,但没有必须办理保险的义务。

2. 根据《联合国国际货物销售合同公约》的有关规定,一项有效接受应具备的条件有:

(1)接受必须由指定的受盘人做出;

(2)接受必须用声明或行动表示出来;

(3)接受的内容必须与发盘的内容相符;

(4)接受通知必须在发盘的有效期内送达发盘人。如未规定期限,应在一段合理时间内送达。

3. 溢短装条款是指在买卖合同中的数量条款中明确规定可以增减的百分比,但增减的幅度以不超过规定数量的百分比为限。

溢短装条款的主要内容包括溢短装的幅度、溢短装部分的选择权及溢短装部分的作价原则三个部分。

4. 规定合同中的装运期条款时,如规定收到 L/C 后若干天装运,对卖方的有利之处在于:对某些外汇管制较严的国家和地区出口商品,不至于因为买方申请不到进口外汇或进口许可证无法开证而受损。

其弊端在于:收到信用证的时间不确定,卖方比较被动。

防范措施:卖方可以在合同中订立"买方最迟应于×年×月×日之前将信用证开到卖方"。

5. 对买方来说,D/A 最佳、D/P 其次、L/C 最次。因为 D/A 方式下,买方只要在汇票上办理承兑手续后,就可以拿走所有的单据,不必事先付款即可取得货物;D/P 方式下,买方付清货款后才能取得货物,付款是得到单据的先决条件,但买方不需开立信用证,从而节约了由此而产生的各种费用和损失;L/C 方式下,买方欲取得货物,不仅须先付清货款,还要承担开证、改证费用和向银行交开证押金的利息损失等。因此在进出口业务中,对买方而言,D/A 最佳、D/P

其次、L/C 最次。

七、计算题

1. (1)确定运费计算标准：
因为每箱毛重为 35 公斤
所以 $W=0.035(M/T)$
又因为每箱体积为 $0.45\times 0.40\times 0.25=0.045(M^3)$
所以 $M=0.045\ M^3$
故 $M>W$，因此按体积为计费标准。
(2)每箱运费 $F=120\times(1+20\%+10\%)\times 0.045$
$=7.02(美元)$
(3)每箱 FOB 价$=CFR-F=35-7.02=27.98(美元)$
所以,应报价为每箱 27.98 美元。

2. (1)FOB 价$=$成本$+$费用$+$利润
$=(50+5\ 000\div 1\ 000)\times(1+10\%)$
$=60.50(元人民币/只)$
$=7.56(美元/只)$
(2)每只睡袋运费 $F=20\div 20=1(美元/只)$
(3)CFR 价$=FOB+F=7.56+1=8.56(美元/只)$
(4)CIF $=CFR\div(1-$保费率$\times$投保加成率$)$
$=8.56\div(1-0.8\%\times 110\%)=8.64(美元/只)$
(5)CIFC $3\%=$净价$\div(1-$佣金率$)$
$=8.64\div(1-3\%)=8.91(美元)$
所以,每只睡袋的 CIFC 3% 价为 8.91 美元。

八、案例分析题

1. 本例中我方失误主要有以下几个方面：
(1)未能及时向买方提出改证展证；
(2)不应该凭客户改证电报发运货物；
(3)不应该接受客户按 D/P·T/R 提货的要求。
以上三次失误使我方遭受的损失逐渐加大。

2. 对方退回信用证是有道理的。
中美均为《联合国国际货物销售合同公约》的缔约国,本案例并未排除适用于《联合国国际货物销售合同公约》,因此应按《联合国国际货物销售合同公约》处理。

《联合国国际货物销售合同公约》规定,发盘被还盘后立即失效。美商 8 月 13 日发盘后,我方在第二天的回电中对其价格进行了还盘,而我方于 17 日又表示接受其 13 日的发盘,是对已失效发盘的接受,因此,按《联合国国际货物销售合同公约》的规定,这种接受是无效的,双方之间不能成立合同关系。所以对方可以退回信用证。

3.(1)保险公司不予赔偿。因为这是商品本身的内在质量缺陷,属于保险公司的除外责任。凡属除外责任的损失,保险公司不予赔偿。

(2)CIF 合同属象征性交货性质的合同,卖方凭单交货,买方凭单付款,只要卖方所提交的单据符合买卖合同,买方即应付款,实际交付的货物不符合同,买方可凭货抵目的港后的检验检疫证书向卖方索赔。

(3)本案例涉及的是商品内在的缺陷,卖方理应负责赔偿。

国际贸易实务自测题(三)参考答案

一、名词解释

1. Counter Sample

即对等样品,指卖方按买方来样复制、提供或加工出一个类似的样品交买方确认,确认后的样品即为"对等样品",也可称为"回样"或"确认样品"。对等样品改变了交易的性质,把原来的凭买方样品买卖变为凭卖方样品买卖。

2. CPT

英文全称为 Carriage Paid to(…named place of destination),即运费付至(……指定目的地),指卖方支付货物运至指定目的地的运费,在货物被交由承运人保管时,货物灭失或损坏的风险以及由于在货物交给承运人后发生的事件而引起的额外费用,即从卖方转移至买方。

3. 倒签提单

货物实际装船的日期晚于信用证或合同上规定的装运日期,托运人为了使提单日期与信用证或合同规定的装运日期相符,要求承运人按信用证或合同规定的装运日期签署提单,这就叫做"倒签提单"。

4. 信用证

根据《UCP 600》的规定,信用证是指一项不可撤销的安排,无论其名称或描述如何,该项安排构成开证行对相符交单予以承付的确定承诺。

5. 询盘

也称询价,指交易一方欲出售或购买某项商品而向交易的另一方询问买卖该项商品的有关交易条件,可用口头或书面方式表示。

二、填空题

1. 品质公差;品质机动幅度
2. 保护商品
3. DDP;EXW
4. 计价的数量单位;单位价格金额;计价货币;贸易术语
5. 空白抬头、空白背书提单
6. 共同海损;单独海损
7. 2 年
8. 汇付;托收
9. 概括式;列举式;综合式
10. 协商;调节;仲裁;诉讼

三、判断题

1. × 2. √ 3. × 4. × 5. × 6. √ 7. × 8. × 9. × 10. √ 11. √ 12. × 13. √ 14. √

四、单项选择题

1. B 2. A 3. B 4. C 5. C 6. C 7. D 8. D 9. B 10. A 11. A 12. A 13. A 14. A 15. A

五、多项选择题

1. AB 2. CD 3. AB 4. BC 5. AD 6. ABCD 7. ABCD 8. ACD 9. ABCD 10. ACD

六、简答题

1. 按照《INCOTERMS 2020》的解释,在 FCA 条件下,如果双方约定的交货地点是在卖方所在地,卖方负责将货物装上买方指派的承运人所提供的运输工具即可;如果交货地点是在其他地方,卖方要将货物运交给承运人,在自己的运输工具上完成交货义务,而无须负责卸货。

2. 信用证开证时间的规定方法有以下四点:
   (1)合同签订后××天内开证;
   (2)在装运日前××天开证;
   (3)在×年×月×日开证;
   (4)接到卖方货物备妥通知书后××天内开证。

七、计算题

1. $CIF = (FOB+F)/[1-(1+投保加成率) \times 保险费率]$

$= (330+40) \div [1-(1+10\%) \times 0.6\%]$

$= 372.46(美元)$

所以我方应报 372.46 美元。

2. 单件体积＝100×40×25＝100 000(立方厘米)＝0.1(立方米)

单件重量＝95 公斤＝0.095 公吨

因为体积＞重量,所以按体积收取运费

总运费＝80×(1+10％+15％)×200＝20 000(美元)

每件运费＝80×(1+10％+15％)＝100(美元)

CFR＝FOB+运费＝400+100＝500(美元)

因此,该批货总运费为 20 000 美元。如改报 CFR 价,每件我方可报 500 美元。

八、案例分析题

1.《联合国国际货物销售合同公约》规定,买方可以收取也可以拒绝收取全部多交货物或部分多交货物。因此,对多装的 15 万公吨,我方可以全部拒收,也可以收取其中一部分。

2. A 公司主张成立。

理由:中美两国都是《公约》的缔约国,所以本案受《联合国国际货物销售合同公约》的约束。

(1)按《联合国国际货物销售合同公约》规定,有效接受必须在有效期内送达发盘人。本案 B 公司于 6 月 19 日以特快专递发出接受通知,20 日前不可能送达 A 公司,即构成逾期接受。

(2)按《联合国国际货物销售合同公约》规定,对于逾期接受,如果发盘人毫不延迟地用口头或书面方式通知受盘人,认为该逾期接受有效,则合同才成立。而本案中,A 公司并未对逾期接受予以确认,所以该接受无效,合同不成立。